“十四五”职业教育国家规划教材

U0880979

Caiwu Baobiao Shenji Moni Shixun

财务报表审计模拟实训

第六版

刘雪清　封桂芹　武彰纯　主编
修萍萍　副主编

东北财经大学出版社
Dongbei University of Finance & Economics Press
大连

图书在版编目（CIP）数据

财务报表审计模拟实训／刘雪清，封桂芹，武彰纯主编．—6版．—大连：东北财经大学出版社，2024.2（2024.8重印）

ISBN 978-7-5654-5012-9

Ⅰ．财… Ⅱ．①刘… ②封… ③武… Ⅲ．会计报表-审计-中国-高等职业教育-教学参考资材 Ⅳ．F239.22

中国国家版本馆CIP数据核字（2024）第011609号

东北财经大学出版社出版

（大连市黑石礁尖山街217号　邮政编码　116025）

网　　址：http://www.dufep.cn

读者信箱：dufep@dufe.edu.cn

大连天骄彩色印刷有限公司印刷　　东北财经大学出版社发行

幅面尺寸：185mm×260mm　字数：330千字　印张：17.5　插页：1

2024年2月第6版　　2024年8月第2次印刷

责任编辑：张旭凤　　责任校对：刘贤恩

封面设计：原　皓　　版式设计：原　皓

定价：46.00元

教学支持　售后服务　联系电话：（0411）84710309

版权所有　侵权必究　举报电话：（0411）84710523

如有印装质量问题，请联系营销部：（0411）84710711

第六版前言

当前，深化产教融合是现代职业教育体系改革的重心之一，产教融合体制机制的创新实践是发展现代职业教育的重要成果。贯彻党的二十大精神，落实教育部相关政策文件，适应会计教学改革的发展，都对教材的内容和形式提出了新要求。本教材有幸于2020年和2023年分别入选“十三五”职业教育国家规划教材和“十四五”职业教育国家规划教材，在深表感谢的同时，在职业教育新发展阶段打造产教融合新形态教材，有所突破和创新，成为本次修订的努力目标，编写团队就此进行了探索。

本次主要修订的内容包括以下两个方面：

1. 为了让学生在校期间尽快适应审计工作岗位的工作需求，充分地将理论与实务、产与教进行有益结合，我们在重视一线教学反馈和深入调研的基础上，结合典型案例和实务中的常见问题，在每一个会计循环审计工作底稿前增加了内容讲解和“审计工作底稿之间的内在联系分析及示意图”，目的是加强知识体系的完整性和操作技能的实用性之间的相辅相成。

2. 经过前五版的使用和反馈，我们再一次对全书的实操细节进行了全面的疏理和完善，包括：会计资料中的原始凭证、记账凭证、总账、明细账、会计报表，结合最新企业会计准则的变化，及时跟进并调改；审计资料中的审计工作底稿、教学指导参考答案等也作了准确更新；同时，对教材中丰富的二维码内容与分布重新进行了规划与布局。

本教材的修订工作十分烦琐，往往是牵一发而动全身，所以，在修订中，全体编写人员本着精益求精的态度，做了大量的核对、验算工作，但仍可能存在不尽如人意的地方，欢迎读者提出宝贵的意见和建议。

本版教材由刘雪清、封桂芹、武彰纯担任主编，修萍萍担任副主编。修订工作的分工为：东北财经大学刘雪清教授，主要负责第二、第四单元的修订工作；内蒙古财经大学封桂芹副教授，参与了第二单元的修订；大连科技学院武彰纯副教授，主要负责第一单元的修订工作；辽东学院修萍萍讲师、会计师，主要负责第三单元的修订工作，并参与了第一、二、四单元的部分修订工作。大连市新华会计师事务所张绍虹所长、北京大华会计师事务所李官育，为本次教材的修订工作提供了实务工作方面的指导意见和建议，在此表示感谢！

编　者

2023 年 12 月

第一版前言

"审计实务"是会计、审计及相关专业的重要专业课之一，在多年的教学实践中，我们发现传统教材的教学内容很难达到预期的教学效果，大部分同学在学习完"审计实务"这门课程后，对如何进行审计工作仍是一筹莫展。因此，编写一部审计模拟实训教材一直是我们的心愿。经过几年的教学积累和探索，这本《财务报表审计模拟实训》教材终于完成了。

本教材主要特色如下：

一、会计、审计素材资料一体化

审计实训教材最大的特点是要求前期资料相对完整，如何将会计资料与审计资料对接，是编写这类教材的难点。为此，我们在反复研究、实验的基础上，采用了简化的表现形式，将部分自制的原始凭证省略；提供部分总账、明细账资料；审计资料用文字进行了说明。在教学中，各校可根据学生的基础，通过核对前期的会计资料熟悉模拟企业的业务特点，为下一步审计工作的开展打下基础。

二、突出审计工作底稿填写的操作性

现阶段财务报表审计的程序主要包括：风险评估、控制测试和实质性程序。但是考虑到高职学生的现状及工作后的适用性，我们的教材重点突出实质性程序的应用，也就是通过填写部分审计工作底稿，进一步加深对各种审计程序的理解和掌握。

三、实训过程体现一定的职业判断能力

审计工作处处体现职业判断的思想，每一名审计人员在实务工作中，都会根据被审计单位的具体情况，运用所掌握的相关知识，选择性运用不同的审计程序，并针对不同的测试结果，得出审计结论。在教材的编写中，我们也在这方面留有一定的空间，供老师、同学们在教与学中充分发挥自己的职业判断能力。

我们在校内几个教学周期中试用了本书的蓝本，教学效果较好。整个教学过程充分地体现了以学生为主导的教学思想和方式，很多同学通过这门课程的学习，为自己找到了学好审计实务的自信心，也更加坚定了从事审计相关工作的信念。

职业教育的培养目标，就是为社会输送大量的具有一定相关职业技能的高素质人才，在我国，面对广大的从事审计工作的人才需求市场，这种模拟实训教学无疑是对职业教育的一种贡献。

由于这种教材在国内为数不多，大部分内容属于原创，难免存在许多不足，敬请广大使用者多提意见和建议，愿我们共同努力打造出一部精品教材，为我国的职业教育作出一份贡献。

本书由东北财经大学会计学院付胜任主编，东北财经大学职业技术学院刘雪清和内蒙古财经学院会计学院封桂芹任副主编。

编　者

2010年2月

目　录

本书配套二维码目录

续表

续表

续表

经济事项	二维码	页码
业务68	固定资产折旧计算表	88
业务69	辅助生产费用分配表	88
业务70	制造费用明细表	90
业务71	各车间产量记录 一车间（炼铁）成本计算单 二车间（炼钢）成本计算单 三车间（轧钢）成本计算单 三车间高速线材成本计算单 三车间螺纹钢成本计算单	91
业务72	利息费用计算表	92
业务73	无形资产、长期待摊费用摊销计算表	92
业务74	资产减值准备计算表	93
业务76	产品销售成本计算表	94
业务77	各项流转税计算表	94
业务80	固定资产盘点表 存货盘点表	95
业务83	利润分配计算表	99

工作底稿	二维码	页码
销售与收款循环主要项目审计工作底稿	扫码看提示（3）	120
购货与付款循环主要项目审计工作底稿	扫码看提示（3）	121
生产与存货循环主要项目审计工作底稿	扫码看提示（2）	121
货币资金主要项目审计工作底稿	扫码看提示（1）	121
审计完成阶段审计工作底稿	扫码看提示（1）	122

思政案例	二维码	页码
务实悟思 3-1	广东正中珠江审计康美药业案例	163
务实悟思 3-2	中准会计师事务所审计抚顺特钢案例 1	193
务实悟思 3-3	中准会计师事务所审计抚顺特钢案例 2	225
务实悟思 3-4	瑞华会计师事务所审计索菱股份案例	239

审计业务	二维码	页码
销售与收款循环审计	工作底稿填制讲解 1 月度毛利率分析表	134
	工作底稿填制讲解 2 应收账款函证结果汇总表	146
购货与付款循环审计	工作底稿填制讲解 3 固定资产增加检查表	174
	工作底稿填制讲解 4 固定资产减少检查表	176
生产与存货循环审计	工作底稿填制讲解 5 存货监盘结果汇总表	208
货币资金审计	工作底稿填制讲解 6 库存现金监盘表	232
审计完成阶段	工作底稿填制讲解 7 账项调整分录汇总表	244

第一单元

模拟实训会计资料

一、大华钢铁公司基本情况简介

（一）机构设置

该公司注册资本 1 500 万元，现有职工 510 人，主要生产各种型号的钢材。年生产量 10 万吨，本月生产 5 200 吨。公司设有三个基本生产车间：炼铁车间、炼钢车间、轧钢车间。公司设有两个辅助生产车间：机修车间、供电车间。全公司的用车由公司总部管理，公司用车分为销售用和办公用，相关费用分别计入销售费用和管理费用。

大华钢铁公司法人代表：蒋平

（二）财务部门人员分工及银行账户信息

财务部负责人：石骏　　会计：张宏　刘洋　江峰　　出纳：林立　黄鹂丽

地址：北京市滨湖路 28 号　　电话：010-55681153

开户银行及账号：中国工商银行滨湖路支行 0001-84497877

纳税人识别号：91100345678911288N

二、企业会计核算资料

（一）202×年度会计报表

资产负债表

会企 01 表

编制单位：大华钢铁公司　　202×[①] 年 12 月 31 日　　单位：元

资产	期末余额	上年年末余额	负债和所有者权益（或股东权益）	期末余额	上年年末余额
流动资产：			流动负债：		
货币资金	6 721 201.96	1 526 790.00	短期借款	5 350 000.00	5 350 000.00
交易性金融资产	120 000.00	120 000.00	交易性金融负债		
衍生金融资产			衍生金融负债		
应收票据	2 449 520.00	450 000.00	应付票据	1 863 720.00	116 000.00

① 以下涉及年份时以 202×年为基准年，下一年为 202×+1 年，以此类推。

续表

资产	期末余额	上年年末余额	负债和所有者权益（或股东权益）	期末余额	上年年末余额
应收账款	1 940 930.55	861 492.60	应付账款	7 941 696.00	7 854 500.00
应收款项融资			预收款项	4 289 700.00	4 289 700.00
预付款项	272 035.50	3 100 000.00	合同负债		
其他应收款	79 715.00	23 500.00	应付职工薪酬	2 584 451.46	2 680 000.00
存货	26 064 215.42	26 093 368.00	应交税费	471 892.77	283 025.00
合同资产			其他应付款	1 309 025.97	342 000.00
持有待售资产			持有待售负债		
一年内到期的非流动资产			一年内到期的非流动负债		
其他流动资产			其他流动负债		
流动资产合计	37 647 618.43	32 175 150.60	流动负债合计	23 810 486.20	20 915 225.00
非流动资产：			非流动负债：		
债权投资	201 600.00	1 505 000.00	长期借款	6 956 000.00	3 956 000.00
其他债权投资			应付债券	1 029 000.00	1 022 000.00
长期应收款			其中：优先股		
长期股权投资	480 000.00	180 000.00	永续债		
其他权益工具投资			租赁负债		
其他非流动金融资产			长期应付款	1 254 063.58	
投资性房地产			预计负债	260 000.00	
固定资产	21 778 176.10	20 616 000.00	递延收益		
在建工程	1 974 884.44	860 000.00	递延所得税负债		
生产性生物资产			其他非流动负债		
油气资产			非流动负债合计	9 499 063.58	4 978 000.00
使用权资产			负债合计	33 309 549.78	25 893 225.00
无形资产	251 453.33	228 000.00	所有者权益（股东权益）：		
开发支出			实收资本（或股本）	5 000 000.00	5 000 000.00
商誉			其他权益工具		
长期待摊费用	44 166.67	53 000.00	其中：优先股		
递延所得税资产			永续债		
其他非流动资产			资本公积	1 100 000.00	1 100 000.00
非流动资产合计	24 730 280.54	23 442 000.00	减：库存股		

续表

资产	期末余额	上年年末余额	负债和所有者权益（或股东权益）	期末余额	上年年末余额
			其他综合收益		
			专项储备		
			盈余公积	9 014 173.22	6 664 249.13
			未分配利润	13 954 175.97	16 959 676.47
			所有者权益（或股东权益）合计	29 068 349.19	29 723 925.60
资产总计	62 377 898.97	55 617 150.60	负债和所有者权益（或股东权益）总计	62 377 898.97	55 617 150.60

法定代表人：蒋平　　主管会计工作负责人：石骏　　会计机构负责人：张宏

利润表

会企 02 表

编制单位：大华钢铁公司　　202×年度　　单位：元

项　目	本期金额	上期金额
一、营业收入	73 260 100.00	61 914 960.00
减：营业成本	45 353 530.03	42 004 586.23
税金及附加	11 023 103.94	9 379 050.62
销售费用	537 875.00	430 300.00
管理费用	5 968 271.62	5 955 814.64
研发费用		
财务费用	6 902 316.45	5 748 053.67
其中：利息费用	104 553.58	
利息收入	3 500.00	
加：其他收益		—
投资收益（损失以“-”号填列）	9 190 000.00	10 029 000.00
其中：对联营企业和合营企业的投资收益		
以摊余成本计量的金融资产终止确认收益（损失以“-”号填列）		
净敞口套期收益（损失以“-”号填列）		
公允价值变动收益（损失以“-”号填列）		—
信用减值损失（损失以“-”号填列）	-143 142.05	146 471.80
资产减值损失（损失以“-”号填列）	-6 000.00	
资产处置收益（损失以“-”号填列）		—
二、营业利润（亏损以“-”号填列）	12 515 860.91	8 279 683.04
加：营业外收入	963 733.41	1 238 397.55
减：营业外支出	848 209.10	621 850.92
三、利润总额（亏损总额以“-”号填列）	12 631 385.22	8 896 229.67
减：所得税费用	3 157 846.31	2 224 057.42
四、净利润（净亏损以“-”号填列）	9 473 538.91	6 672 172.25
（一）持续经营净利润（净亏损以“-”号填列）		
（二）终止经营净利润（净亏损以“-”号填列）		
五、其他综合收益的税后净额		
（一）不能重分类进损益的其他综合收益		
（二）将重分类进损益的其他综合收益		
六、综合收益总额		
七、每股收益		
（一）基本每股收益		
（二）稀释每股收益		

法定代表人：蒋平　　主管会计工作负责人：石骏　　会计机构负责人：张宏

(二) 202×年 12 月 1 日公司账户余额及本年发生额

202×年 12 月 1 日资产负债表账户余额

名　　称	金额（元）
货币资金	1 526 790.00
其中：库存现金	16 000.00
银行存款	1 490 790.00
其他货币资金	20 000.00
交易性金融资产	120 000.00
应收票据	450 000.00
应收账款	958 000.00
其中：光彩矿石厂	38 000.00
前程建筑公司	300 000.00
大成建设公司	100 000.00
华钢工贸股份有限公司	520 000.00
坏账准备	96 507.40
预付账款	3 100 000.00
其中：山西大同矿	600 000.00
鞍山矿	2 500 000.00
其他应收款	23 500.00
存货	26 224 768.00
其中：材料采购	197 400.00
原材料	14 598 150.00
周转材料	87 500.00
材料成本差异	469 670.00
自制半成品	910 400.00
库存商品	5 247 000.00
委托加工物资	30 000.00
生产成本	4 065 648.00
劳务成本	495 000.00
发出商品	124 000.00
存货跌价准备	131 400.00
债权投资	1 505 000.00
长期股权投资	300 000.00
其中：长期股权投资（宏谊金属有限公司 5% 股权）	300 000.00
长期股权投资减值准备	120 000.00
固定资产原价	70 670 000.00
累计折旧	48 796 000.00
固定资产减值准备	1 258 000.00
工程物资	40 000.00
在建工程	820 000.00
在建工程减值准备	0
固定资产清理	0

续表

名　　称	金额（元）
无形资产	228 000.00
无形资产减值准备	0
长期待摊费用	53 000.00
短期借款	5 350 000.00
应付票据	116 000.00
应付账款	7 854 500.00
其中：华钢工贸股份有限公司	7 820 000.00
长江公司	34 500.00
应付利息	31 200.00
预收账款	4 289 700.00
其中：上海钢铁集团	4 289 700.00
应付职工薪酬	2 680 000.00
应交税费	283 025.00
其中：应交增值税	250 000.00
应交房产税	8 025.00
应交城建税	17 500.00
应交教育费附加	7 500.00
其他应付款	310 800.00
长期借款	3 956 000.00
应付债券	1 022 000.00
其他长期负债	0
实收资本	5 000 000.00
资本公积	1 100 000.00
盈余公积	6 664 249.13
未分配利润	16 959 676.47

202×年 11 月 30 日利润表账户本年累计发生额

名　　称	金额（元）
主营业务收入	64 842 300.00
主营业务成本	38 940 000.00
税金及附加	11 003 192.90
其他业务收入	1 320 000.00
其他业务成本	405 835.03
销售费用	428 000.00
管理费用	5 630 000.00
财务费用	6 790 000.00
投资收益	9 060 000.00
营业外收入	952 613.50
营业外支出	518 209.10
所得税费用	3 114 919.12
净利润	9 344 757.35

注：本企业采用账结法，1—11 月的利润总额已计入 11 月 30 日资产负债表的利润分配项目。

202×年1—11月营业收入明细表

单位：元

会计科目	1月	2月	3月	4月	5月	6月	7月	8月	9月	10月	11月	发生额（1—11月）
主营业务收入	6 361 608.00	7 219 782.00	6 162 989.00	3 326 227.00	6 470 737.00	5 941 751.00	7 493 894.00	4 804 087.00	4 290 513.00	6 643 468.00	6 127 244.00	64 842 300.00
螺纹钢	1 280 000.00	768 000.00	1 920 000.00	640 000.00	512 000.00	1 792 000.00	1 408 000.00	1 152 000.00	384 000.00	896 000.00	2 048 000.00	12 800 000.00
钢坯	2 250 000.00	750 000.00	2 100 000.00	900 000.00	1 500 000.00	1 650 000.00	450 000.00	1 350 000.00	1 050 000.00	2 400 000.00	600 000.00	15 000 000.00
高速线材	2 249 860.00	3 374 790.00	1 124 930.00	1 349 916.00	3 149 804.00	899 944.00	3 599 776.00	1 574 902.00	674 958.00	2 474 846.00	2 024 874.00	22 498 600.00
普通线材	581 748.00	2 326 992.00	1 018 059.00	436 311.00	1 308 933.00	1 599 807.00	2 036 118.00	727 185.00	2 181 555.00	872 622.00	1 454 370.00	14 543 700.00
其他业务收入	132 000.00	79 200.00	198 000.00	66 000.00	184 800.00	145 200.00	118 800.00	39 600.00	92 400.00	211 200.00	52 800.00	1 320 000.00
设备安装	132 000.00	79 200.00	198 000.00	66 000.00	184 800.00	145 200.00	118 800.00	39 600.00	92 400.00	211 200.00	52 800.00	1 320 000.00
废钢	0	0	0	0	0	0	0	0	0	0	0	0
房租收入	0	0	0	0	0	0	0	0	0	0	0	0
合计	6 493 608.00	7 298 982.00	6 360 989.00	3 392 227.00	6 655 537.00	6 086 951.00	7 612 694.00	4 843 687.00	4 382 913.00	6 854 668.00	6 180 044.00	66 162 300.00

“原材料”明细账余额

202×年 12 月 1 日　　　　金额单位：元

材料名称	规格、型号	结存数量	计划单价	结存金额
铁矿石	66%	3 000 吨	800.00	2 400 000.00
石灰石		4 000 吨	125.00	500 000.00
煤		5 000 吨	350.00	1 750 000.00
废钢	6～8mm	1 000 吨	1 900.00	1 900 000.00
焦炭		800 吨	2 522.00	2 017 600.00
锰铁	65#	150 吨	6 600.00	990 000.00
硅铁	72#	150 吨	6 000.00	900 000.00
重油		700 吨	1 450.00	1 015 000.00
白云石		10 000 吨	230.50	2 305 000.00
主要材料小计				13 777 600.00
中轧辊	ϕ500mm	50 吨	2 300.00	115 000.00
镀锌铁丝	20#	1 000 千克	3.80	3 800.00
镀锌铁丝	16#	500 千克	3.50	1 750.00
机油	美孚合成 1# 4L	2 000 升	350.00	700 000.00
辅助材料小计				820 550.00
合　计				14 598 150.00

“周转材料”明细账余额

202×年 12 月 1 日　　　　金额单位：元

材料名称	规格、型号	结存数量	计划单价	结存金额
劳动保护用品	工作服	300 套	200.00	60 000.00
	工作鞋	200 双	68.00	13 600.00
	手套	500 付	15.00	7 500.00
	保护眼镜	120 副	45.00	5 400.00
	毛巾	200 条	5.00	1 000.00
合　计				87 500.00

“库存商品”“自制半成品”明细账余额

202×年 12 月 1 日　　　　金额单位：元

商品名称	规格、型号	结存数量	单位成本	结存金额
高速线材	ϕ6.5mm	350 吨	3 500.00	1 225 000.00
普通线材	ϕ8mm	500 吨	3 800.00	1 900 000.00
螺纹钢	ϕ12mm	260 吨	3 100.00	806 000.00
螺纹钢	ϕ25mm	400 吨	3 290.00	1 316 000.00
库存商品小计				5 247 000.00
钢坯	95#	300 吨	2 320.00	696 000.00
钢坯	120#	80 吨	2 680.00	214 400.00
自制半成品小计				910 400.00
合　计				6 157 400.00

"生产成本"明细账余额

202×年 12 月 1 日　　单位：元

成本项目 / 车间	直接材料	直接人工	其他直接费用	制造费用	在产品成本
炼铁车间	2 560 000.00	93 200.00	13 048.00	186 700.00	2 852 948.00
炼钢车间	823 000.00	74 000.00	10 360.00	146 640.00	1 054 000.00
轧钢车间	65 400.00	30 800.00	4 312.00	58 188.00	158 700.00
合　计					4 065 648.00

（三）202×年 12 月份的账簿资料

1. 大华钢铁公司明细账（部分）

明　细　账

会计科目：其他应收款　　明细科目：备用金　　子目

202×年 月	日	凭证号数	摘　要	借　方	贷　方	核对号	借或贷	余　额
12	1		期初余额				借	23 500.00
12	7	转 16	保险赔偿	1 215.00			借	24 715.00
12	27	现付 4	王佳借差旅费	5 000.00			借	29 715.00
12	31		本月合计	6 215.00				

明　细　账

会计科目：应收账款　　明细科目：为民钢材公司　　子目

202×年 月	日	凭证号数	摘　要	借　方	贷　方	核对号	借或贷	余　额
12	1		期初余额					0
12	3	转 5	收回已转销坏账	20 000.00			借	20 000.00
12	3	银收 2	收回坏账		20 000.00		平	0
12	31		本月合计	20 000.00	20 000.00			

明　细　账

会计科目：应收账款　　明细科目：华钢工贸　　子目

202×年 月	日	凭证号数	摘　要	借　方	贷　方	核对号	借或贷	余　额
12	1		期初余额				借	520 000.00
12	9	转 19	销售商品	813 600.00			借	1 333 600.00
12	20	银收 11、转 31	收到货款		813 600.00		借	520 000.00
12	22	转 34	销售商品	1 345 830.00			借	1 865 830.00
12	22	转 34	代销手续费		59 550.00		借	1 806 280.00
12	31		本月合计	2 159 430.00	873 150.00			

明　细　账

会计科目：应收账款　　明细科目：大成建设　　子目

202×年 月	日	凭证号数	摘　要	借　方	贷　方	核对号	借或贷	余　额
12	1		期初余额				借	100 000.00
12	8	银付 15	代垫运费	14 000.00			借	114 000.00
12	9	转 17	销售商品	237 300.00			借	351 300.00
12	31		本月合计	251 300.00	0			

明　细　账

会计科目：应收账款　　明细科目：前程建筑　　子目

202× 年		凭证号数	摘　要	借　方	贷　方	核对号	借或贷	余　额
月	日							
12	1		期初余额				借	300 000.00
12	6	转 11	债务重组		300 000.00		平	0
12	31		本月合计	0	300 000.00			

明　细　账

会计科目：应收账款　　明细科目：沈阳漫源　　子目

202× 年		凭证号数	摘　要	借　方	贷　方	核对号	借或贷	余　额
月	日							
12	1		期初余额				平	0
12	4	转 6	销售商品	858 800.00			借	858 800.00
12	4	银付 4	代垫运费	5 000.00			借	863 800.00
12	8	银收 4	收回货款		863 800.00		平	0
12	31		本月合计	863 800.00	863 800.00			

明　细　账

会计科目：应收账款　　明细科目：光彩矿石　　子目

202× 年		凭证号数	摘　要	借　方	贷　方	核对号	借或贷	余　额
月	日							
12	1		期初余额				借	38 000.00
12	3	转 4	核销坏账		38 000.00		平	0
12	31		本月合计	0	38 000.00			

明　细　账

会计科目：坏账准备　　明细科目：应收账款　　子目

202× 年		凭证号数	摘　要	借　方	贷　方	核对号	借或贷	余　额
月	日							
12	1		期初余额				贷	95 800.00
12	3	转 4	核销坏账	38 000.00			贷	57 800.00
12	3	转 5	收回坏账		20 000.00		贷	77 800.00
12	6	转 11	债务重组	5 000.00			贷	72 800.00
12	31	转 42	计提		142 958.00		贷	215 758.00
12	31		本月合计	43 000.00	162 958.00			

明 细 账

会计科目：坏账准备　　明细科目：其他应收款　　子目

202×年 月	日	凭证号数	摘 要	借 方	贷 方	核对号	借或贷	余 额
12	1		期初余额				贷	707.40
12	31	转 42	计提		184.05		贷	891.45
12	31		本月合计	0	184.05			

明 细 账

会计科目：应付账款　　明细科目：山西大同矿　　子目

202×年 月	日	凭证号数	摘 要	借 方	贷 方	核对号	借或贷	余 额
12	1		期初余额				平	0
12	10	转 21	采购石灰石		134 856.00		贷	134 856.00
12	31		本月合计	0	134 856.00			

明 细 账

会计科目：应付账款　　明细科目：长江公司　　子目

202×年 月	日	凭证号数	摘 要	借 方	贷 方	核对号	借或贷	余 额
12	1		期初余额				贷	34 500.00
12	21	银付 25	债务重组	24 150.00			贷	10 350.00
12	21	转 33	债务重组	10 350.00			平	0
12	31		本月合计	34 500.00	0			

明 细 账

会计科目：应付账款　　明细科目：上海钢铁集团　　子目

202×年 月	日	凭证号数	摘 要	借 方	贷 方	核对号	借或贷	余 额
12	1		期初余额				平	0
12	5	转 10	材料短缺	13 160.00			借	13 160.00
12	31		本月合计	13 160.00	0			

明 细 账

会计科目：应付账款　　明细科目：华钢工贸　　子目

202×年 月	日	凭证号数	摘 要	借 方	贷 方	核对号	借或贷	余 额
12	1		期初余额				贷	7 820 000.00
12	6	转 13	采购焦炭		1 412 500.00		贷	9 232 500.00
12	8	转 16	开具票据	1 412 500.00			贷	7 820 000.00
12	31		本月合计	1 412 500.00	1 412 500.00			

明　细　账

会计科目：预付账款　　明细科目：鞍山矿　　子目

202×年 月	日	凭证号数	摘　要	借　方	贷　方	核对号	借或贷	余　额
12	1		期初余额				借	2 500 000.00
12	7	转 15	采购铁矿石		2 302 700.10		借	197 299.90
12	31		本月合计	0	2 302 700.10			

明　细　账

会计科目：预付账款　　明细科目：矿石公司　　子目

202×年 月	日	凭证号数	摘　要	借　方	贷　方	核对号	借或贷	余　额
12	1		期初余额				借	600 000.00
12	3	转 2	采购焦炭		565 864.40		借	34 135.60
12	31		本月合计	0	565 864.40			

明　细　账

会计科目：应交税费　　税目：应交增值税　　子目

202×年		凭证号数	摘　要	借　方			贷　方			余　额
月	日			进项税	本期已交	合计	销项税	进项税转出	合计	
12	1		期初余额							250 000.00
12	31		本月合计	640 177.91	250 000.00		836 632.09	2 656.22		199 110.39

明　细　账

会计科目：主营业务收入　　明细科目：螺纹钢　　子目

202×年 月	日	凭证号数	摘　要	借　方	贷　方	核对号	借或贷	余　额
12	4	转 6	销售		760 000.00		贷	760 000.00
12	9	转 17	销售		210 000.00		贷	970 000.00
12	9	转 19	销售		720 000.00		贷	1 690 000.00
12	31	转 54	本月结转	1 690 000.00			平	0
12	31		本月合计	1 690 000.00	1 690 000.00			

明　细　账

会计科目：主营业务收入　　明细科目：钢坯　　子目

202×年 月	日	凭证号数	摘　要	借　方	贷　方	核对号	借或贷	余　额
12	10	银收 6	销售		600 000.00		贷	600 000.00
12	31	转 54	本月结转	600 000.00			平	0
12	31		本月合计	600 000.00	600 000.00			

明　细　账

会计科目：主营业务收入　　明细科目：高速线材　　子目

202×年		凭证号数	摘　要	借　方	贷　方	核对号	借或贷	余　额
月	日							
12	5	转 9	用线材交换发电机		36 800.00		贷	36 800.00
12	5	银收 3	用线材交换发电机		3 200.00		贷	40 000.00
12	22	转 34	代销		1 191 000.00		贷	1 231 000.00
12	31	转 54	本月结转	1 231 000.00			平	0
12	31		本月合计	1 231 000.00	1 231 000.00			

明　细　账

会计科目：主营业务收入　　明细科目：普通线材　　子目

202×年		凭证号数	摘　要	借　方	贷　方	核对号	借或贷	余　额
月	日							
12	24	转 35	销售		1 804 000.00		贷	1 804 000.00
12	31	转 54	本月结转	1 804 000.00			平	0
12	31		本月合计	1 804 000.00	1 804 000.00			

明　细　账

会计科目：其他业务收入　　明细科目：销售安装 C 设备　　子目

202×年		凭证号数	摘　要	借　方	贷　方	核对号	借或贷	余　额
月	日							
12	25	银收 12	销售安装 C 设备		660 000.00		贷	660 000.00
12	31	转 54	本月结转	660 000.00			平	0
12	31		本月合计	660 000.00	660 000.00			

明　细　账

会计科目：其他业务收入　　明细科目：废钢调剂销售　　子目

202×年		凭证号数	摘　要	借　方	贷　方	核对号	借或贷	余　额
月	日							
12	12	银收 8	废钢调剂销售		1 100 000.00		贷	1 100 000.00
12	31	转 54	本月结转	1 100 000.00			平	0
12	31		本月合计	1 100 000.00	1 100 000.00			

明　细　账

会计科目：其他业务收入　　明细科目：房租收入　　子目

202×年		凭证号数	摘　要	借　方	贷　方	核对号	借或贷	余　额
月	日							
12	28	银收 13	收到房租收入		12 800.00		贷	12 800.00
12	31	转 54	本月结转	12 800.00			平	0
12	31		本月合计	12 800.00	12 800.00			

库存现金日记账

202×年 月	日	凭证号数	结算种类	摘要	存入	支出	核对号	结余
12	1		（略）	期初余额				16 000.00
12	1	现付1		报差旅费		3 000.00		13 000.00
12	8	银付14		提取现金	6 000.00			19 000.00
12	10	银付19		提取现金	150 000.00			169 000.00
12	10	现付2		支付职工工资		150 000.00		19 000.00
12	20	现付3		支付未领工资		1 350.00		17 650.00
12	27	现付4		借差旅费		5 000.00		12 650.00
12	31			本月合计	156 000.00	159 350.00		

银行存款日记账

202×年 月	日	凭证号数	结算种类	摘要	存入	支出	核对号	余额
12	1		（略）	期初余额				1 490 790.00
12	1	银收1		工程借款	3 000 000.00			4 490 790.00
12	1	银付1		工程出包		1 000 000.00		3 490 790.00
12	1	银付2		办理汇票		150 000.00		3 340 790.00
12	3	银收2		收回账款	20 000.00			3 360 790.00
12	3	银付3		股权转让		300 000.00		3 060 790.00
12	4	银付4		代垫运费		5 000.00		3 055 790.00
12	4	银付5		付电话费		25 070.00		3 030 720.00
12	5	银收3		换入发电机	3 200.00			3 033 920.00
12	5	银付6		购料		4 667.40		3 029 252.60
12	5	银付7		支付补价		12 000.00		3 017 252.60
12	5	银付8		采购机油		167 240.00		2 850 012.60
12	5	银付9		付油费		15 820.00		2 834 192.60
12	6	银收4		兑付国库券	1 680 000.00			4 514 192.60
				（中间部分略）				
12	20	银收11		销售	805 464.00			6 590 159.56
12	21	银付25		债务重组		24 150.00		6 566 009.56
12	24	银付26		付运费		50 000.00		6 516 009.56
12	25	银收12		安装设备	660 000.00			7 176 009.56
12	26	银付27		支付利息		46 800.00		7 129 209.56
12	27	银付28		支付电费		146 809.60		6 982 399.96
12	28	银付29		支付水费		457 800.00		6 524 599.96
12	28	银收12		租金收入	13 952.00			6 538 551.96
12	31			本月合计	9 058 789.13	4 011 027.17		

原材料明细账

名称：石灰石　　规　格：＿＿＿＿
编号：001　　计量单位：吨　　计划价格：125.00　　分页：＿＿＿＿

202×年		凭证号数	摘要	借方			贷方			核对号	余额		
月	日			数量	单价	金额	数量	单价	金额		数量	单价	金额
12	1		期初余额								4 000		500 000.00
12	3	转1	生产领用				3 000		375 000.00		1 000		125 000.00
12	10	转21	购入	1 000		125 000.00					2 000		250 000.00
12	15	转30	生产领用				2 000		250 000.00		0		0
12	31		本月合计	1 000		12 500.00	5 000		625 000.00				

注：存货采用先进先出法计价。

原材料明细账

名称：铁矿石　　规　格：66%
编号：002　　计量单位：吨　　计划价格：800.00　　分页：＿＿＿＿

202×年		凭证号数	摘要	借方			贷方			核对号	余额		
月	日			数量	单价	金额	数量	单价	金额		数量	单价	金额
12	1		期初余额								3 000		2 400 000.00
12	3	转1	生产领用				3 000		2 400 000.00		0		0
12	7	转15	购入	2 497		1 997 600.00					2 497		1 997 600.00
12	15	转30	生产领用				2 000		1 600 000.00		497		397 600.00
12	31		本月合计	2 497		1 997 600.00	5 000		4 000 000.00				

原材料明细账

名称：煤　　规　格：＿＿＿＿
编号：003　　计量单位：吨　　计划价格：350.00　　分页：＿＿＿＿

202×年		凭证号数	摘要	借方			贷方			核对号	余额		
月	日			数量	单价	金额	数量	单价	金额		数量	单价	金额
12	1		期初余额								5 000		1 750 000.00
12	3	转1	生产领用				3 500		1 225 000.00		1 500		525 000.00
12	15	转30	生产领用				1 500		525 000.00		0		0
12	31		本月合计	0		0	5 000		1 750 000.00				

原材料明细账

名称：废钢　　规　　格：6～8mm

编号：004　　计量单位：吨　　计划价格：1 900.00　　分页：

202×年		凭证号数	摘要	借方			贷方			核对号	余额		
月	日			数量	单价	金额	数量	单价	金额		数量	单价	金额
12	1		期初余额								1 000		1 900 000.00
12	12	转25	出售				500		950 000.00		500		950 000.00
12	31		本月合计	0		0	500		950 000.00				

原材料明细账

名称：焦炭　　规　　格：

编号：005　　计量单位：吨　　计划价格：2 522.00　　分页：

202×年		凭证号数	摘要	借方			贷方			核对号	余额		
月	日			数量	单价	金额	数量	单价	金额		数量	单价	金额
12	1		期初余额								800		2 017 600.00
12	3	转1	生产领用				500		1 261 000.00		300		756 600.00
12	3	转2	购入	200		504 400.00					500		1 261 000.00
12	6	转14	购入	499.5		1 259 739.00					999.5		2 520 739.00
12	15	转30	生产领用				500		1 261 000.00		499.5		1 259 739.00
12	31		本月合计	699.5		1 764 139.00	1 000		2 522 000.00				

原材料明细账

名称：锰铁　　规　　格：65#

编号：006　　计量单位：吨　　计划价格：6 600.00　　分页：

202×年		凭证号数	摘要	借方			贷方			核对号	余额		
月	日			数量	单价	金额	数量	单价	金额		数量	单价	金额
12	1		期初余额								150		990 000.00
12	3	转1	生产领用				100		660 000.00		50		330 000.00
12	6	转10	购入	28		184 800.00					78		514 800.00
12	15	转30	生产领用				20		132 000.00		58		382 800.00
12	31		本月合计	28		184 800.00	120		792 000.00				

原材料明细账

名称：硅铁　　规　　格：72#

编号：007　　计量单位：吨　　计划价格：6 000.00　　分页：

202×年		凭证号数	摘要	借方			贷方			核对号	余额		
月	日			数量	单价	金额	数量	单价	金额		数量	单价	金额
12	1		期初余额								150		900 000.00
12	3	转1	生产领用				120		720 000.00		30		180 000.00
12	15	转30	生产领用				30		180 000.00		0		0
12	31		本月合计	0		0	150		900 000.00				

原材料明细账

名称：重油　　规　　格：______

编号：008　　计量单位：吨　　计划价格：1 450.00　　分页：______

202×年		凭证号数	摘　要	借　方			贷　方			核对号	余　额		
月	日			数量	单价	金额	数量	单价	金额		数量	单价	金额
12	1		期初余额								700		1 015 000.00
12	3	转1	生产领用				500		725 000.00		200		290 000.00
12	12	转24	购入	200		290 000.00					400		580 000.00
12	15	转30	生产领用				300		435 000.00		100		145 000.00
12	31		本月合计	200		290 000.00	800		1 160 000.00				

原材料明细账

名称：白云石　　规　　格：______

编号：009　　计量单位：吨　　计划价格：230.50　　分页：______

202×年		凭证号数	摘　要	借　方			贷　方			核对号	余　额		
月	日			数量	单价	金额	数量	单价	金额		数量	单价	金额
12	1		期初余额								10 000		2 305 000.00
12	31		本月合计	0		0	0		0				

原材料明细账

名称：中轧辊　　规　　格：500mm

编号：01　　计量单位：吨　　计划价格：2 300.00　　分页：______

202×年		凭证号数	摘　要	借　方			贷　方			核对号	余　额		
月	日			数量	单价	金额	数量	单价	金额		数量	单价	金额
12	1		期初余额								50		115 000.00
12	3	转3	生产领用				20		46 000.00		30		69 000.00
12	31		本月合计	0		0	20		46 000.00				

原材料明细账

名称：镀锌铁丝　　规　　格：20#

编号：02　　计量单位：千克　　计划价格：3.80　　分页：______

202×年		凭证号数	摘　要	借　方			贷　方			核对号	余　额		
月	日			数量	单价	金额	数量	单价	金额		数量	单价	金额
12	1		期初余额								1 000		3 800.00
12	3	转3	生产领用				1 000		3 800.00				
12	5	转8	购入	1 000		3 800.00					1 000		3 800.00
12	31		本月合计	1 000		3 800.00	1 000		3 800.00				

原材料明细账

名称：镀锌铁丝　　规　　格：16#

编号：03　　计量单位：千克　　计划价格：3.50　　分页：

202×年		凭证号数	摘　要	借　方			贷　方			核对号	余　额		
月	日			数量	单价	金额	数量	单价	金额		数量	单价	金额
12	1		期初余额								500		1 750.00
12	31		本月合计	0		0	0		0				

原材料明细账

名称：机油　　规　　格：美孚合成 1# 4L

编号：04　　计量单位：升　　计划价格：350.00　　分页：

202×年		凭证号数	摘　要	借　方			贷　方			核对号	余　额		
月	日			数量	单价	金额	数量	单价	金额		数量	单价	金额
12	1		期初余额								2 000		700 000.00
12	3	转 3	生产领用				600		210 000.00		1 400		490 000.00
12	5	转 12	购入	400		140 000.00					1 800		630 000.00
12	31	转 57	盘亏				50		17 500.00		1 750		612 500.00
12	31		本月合计	400		140 000.00	650		227 500.00				

周转材料明细账

名称：劳动保护用品　　规　　格：工作服

编号：1　　计量单位：套　　计划价格：200.00　　分页：

202×年		凭证号数	摘　要	借　方			贷　方			核对号	余　额		
月	日			数量	单价	金额	数量	单价	金额		数量	单价	金额
12	1		期初余额								300		60 000.00
12	11	转 26	生产领用				206		41 200.00		94		18 800.00
12	31		本月合计	0		0	206		41 200.00				

周转材料明细账

名称：劳动保护用品　　规　　格：工作鞋

编号：2　　计量单位：双　　计划价格：68.00　　分页：

202×年		凭证号数	摘　要	借　方			贷　方			核对号	余　额		
月	日			数量	单价	金额	数量	单价	金额		数量	单价	金额
12	1		期初余额								200		13 600.00
12	11	转 26	生产领用				196		13 328.00		4		272.00
12	31		本月合计	0		0	196		13 328.00				

周转材料明细账

名称：劳动保护用品　　规　　格：手套

编号：3　　计量单位：副　　计划价格：15.00　　分页：

202×年		凭证号数	摘　要	借　方			贷　方			核对号	余　额		
月	日			数量	单价	金额	数量	单价	金额		数量	单价	金额
12	1		期初余额								500		7 500.00
12	11	转 26	生产领用				244		3 660.00		256		3 840.00
12	31		本月合计	0		0	244		3 660.00				

周转材料明细账

名称：劳动保护用品　　规　　格：保护眼镜

编号：4　　计量单位：副　　计划价格：45.00　　分页：

202×年		凭证号数	摘　要	借　方			贷　方			核对号	余　额		
月	日			数量	单价	金额	数量	单价	金额		数量	单价	金额
12	1		期初余额								120		5 400.00
12	11	转 26	本月领用				86		3 870.00		34		1 530.00
12	31		本月合计	0		0	86		3 870.00				

周转材料明细账

名称：劳动保护用品　　规　　格：毛巾

编号：5　　计量单位：条　　计划价格：5.00　　分页：

202×年		凭证号数	摘　要	借　方			贷　方			核对号	余　额		
月	日			数量	单价	金额	数量	单价	金额		数量	单价	金额
12	1		期初余额								200		1 000.00
12	11	转 26	生产领用				160		800.00		40		200.00
12	31		本月合计	0		0	160		800.00				

库存商品明细账

名称：高速线材　　规　　格：6.5mm

编号：0001　　计量单位：吨　　计划价格：　　分页：

202×年		凭证号数	摘　要	借　方			贷　方			核对号	余　额		
月	日			数量	单价	金额	数量	单价	金额		数量	单价	金额
12	1		期初余额								350	3 500.00	1 225 000.00
12	13	转 27	销售				300	3 500.00	1 050 000.00		50	3 500.00	175 000.00
12	31	转 46	完工入库	3 000	3 516.86	10 550 580.00					50 3 000	3 500.00 3 516.86	10 725 580.00
12	31		本月合计	3 000		10 550 580.00	300		1 050 000.00				

库存商品明细账

名称：普通线材　　　规　格：8mm

编号：0002　　　计量单位：吨　　　计划价格：　　　分页：

202×年		凭证号数	摘要	借方			贷方			核对号	余额		
月	日			数量	单价	金额	数量	单价	金额		数量	单价	金额
12	1		期初余额								500	3 800.00	1 900 000.00
12	31	转51	结转销售成本				400	3 800.00	1 520 000.00		100	3 800.00	380 000.00
12	31		本月合计	0		0	400	3 800.00	1 520 000.00				

库存商品明细账

名称：螺纹钢　　　规　格：12mm

编号：0003　　　计量单位：吨　　　计划价格：　　　分页：

202×年		凭证号数	摘要	借方			贷方			核对号	余额		
月	日			数量	单价	金额	数量	单价	金额		数量	单价	金额
12	1		期初余额								260	3 100.00	806 000.00
12	9	转17	销售				100	3 100.00	310 000.00		160	3 100.00	496 000.00
12	31	转46	完工入库	2 000	3 546.92	7 093 840.00					160 2 000	3 100.00 3 546.92	7 589 840.00
12	31	转56	盘盈库存商品	2	3 100.00	6 200.00					162 2 000	3 100.00 3 546.92	7 596 040.00
12	31		本月合计	2 002		7 100 040.00	100	3 100.00	310 000.00				

库存商品明细账

名称：螺纹钢　　　规　格：25mm

编号：0004　　　计量单位：吨　　　计划价格：　　　分页：

202×年		凭证号数	摘要	借方			贷方			核对号	余额		
月	日			数量	单价	金额	数量	单价	金额		数量	单价	金额
12	1		期初余额								400	3 290.00	1 316 000.00
12	31	转51	结转销售成本				200	3 290.00	658 000.00		200	3 290.00	658 000.00
12	31	转51	结转销售成本				200	3 290.00	658 000.00		0		0
12	31		本月合计	0		0	400		1 316 000.00				

库存商品明细账

名称：花纹板　　　规　格：30mm

编号：0005　　　计量单位：吨　　　计划价格：　　　分页：

202×年		凭证号数	摘要	借方			贷方			核对号	余额		
月	日			数量	单价	金额	数量	单价	金额		数量	单价	金额
12	1		期初余额								0		0
12	31	转32	验收入库	20	3 455.15	69 103.00					20	3 455.15	69 103.00
12	31		本月合计	20		69 103.00	0		0				

自制半成品明细账

名称：钢坯　　规　格：95#
编号：0006　　计量单位：吨　　计划价格：　　分页：

202×年		凭证号数	摘要	借方			贷方			核对号	余额		
月	日			数量	单价	金额	数量	单价	金额		数量	单价	金额
12	1		期初余额								300	2 320.00	696 000.00
12	31	转51	结转销售成本				200	2 320.00	464 000.00		100	2 320.00	232 000.00
12	31		本月合计	0		0	200	2 320.00	464 000.00				

自制半成品明细账

名称：钢坯　　规　格：120#
编号：0007　　计量单位：吨　　计划价格：　　分页：

202×年		凭证号数	摘要	借方			贷方			核对号	余额		
月	日			数量	单价	金额	数量	单价	金额		数量	单价	金额
12	1		期初余额								80	2 680.00	214 400.00
12	9	转20	委托加工				20	2 680.00	53 600.00		60	2 680.00	160 800.00
12	31	转46	完工入库	200	2 591.68	518 336.00					60 200	2 680.00 2 591.68	679 136.00
12	31		本月合计	200		518 336.00	20		53 600.00				

2. 大华钢铁公司总账（部分）

总　账

会计科目：库存现金

202×年		凭证号数	摘要	借方	贷方	核对号	借或贷	余额
月	日							
12	1		期初余额				借	16 000.00
12	15	汇1	1—15日发生额	156 000.00	153 000.00		借	19 000.00
12	31	汇2	16—31日发生额		6 350.00		借	12 650.00
12	31		本月合计	156 000.00	159 350.00			

总　账

会计科目：银行存款

202×年		凭证号数	摘要	借方	贷方	核对号	借或贷	余额
月	日							
12	1		期初余额				借	1 490 790.00
12	15	汇1	1—15日发生额	7 579 373.13	3 285 467.57		借	5 784 695.56
12	31	汇2	16—31日发生额	1 479 416.00	725 559.60		借	6 538 551.96
12	31		本月合计	9 058 789.13	4 011 027.17			

总　账

会计科目：其他货币资金

202× 年		凭证号数	摘　要	借　方	贷　方	核对号	借或贷	余　额
月	日							
12	1		期初余额				借	20 000.00
12	15	汇 1	1—15 日发生额	150 000.00			借	170 000.00
12	31		本月合计	150 000.00	0			

总　账

会计科目：交易性金融资产

202× 年		凭证号数	摘　要	借　方	贷　方	核对号	借或贷	余　额
月	日							
12	1		期初余额				借	120 000.00
12	31		本月合计	0	0			

总　账

会计科目：应收票据

202× 年		凭证号数	摘　要	借　方	贷　方	核对号	借或贷	余　额
月	日							
12	1		期初余额				借	450 000.00
12	15	汇 1	1—15 日发生额		89 000.00		借	361 000.00
12	31	汇 2	16—31 日发生额	2 088 520.00			借	2 449 520.00
12	31		本月合计	2 088 520.00	89 000.00			

总　账

会计科目：其他应收款

202× 年		凭证号数	摘　要	借　方	贷　方	核对号	借或贷	余　额
月	日							
12	1		期初余额				借	23 500.00
12	15	汇 1	1—15 日发生额	1 215.00			借	24 715.00
12	31	汇 2	16—31 日发生额	5 000.00			借	29 715.00
12	31		本月合计	6 215.00				

总　账

会计科目：应收账款

202× 年		凭证号数	摘　要	借　方	贷　方	核对号	借或贷	余　额
月	日							
12	1		期初余额				借	958 000.00
12	15	汇 1	1—15 日发生额	1 948 700.00	1 221 800.00		借	1 684 900.00
12	31	汇 2	16—31 日发生额	1 345 830.00	873 150.00		借	2 157 580.00
12	31		本月合计	3 294 530.00	2 094 950.00			

总　账

会计科目：坏账准备

202× 年		凭证号数	摘　要	借　方	贷　方	核对号	借或贷	余　额
月	日							
12	1		期初余额				贷	96 507.40
12	15	汇 1	1—15 日发生额	43 000.00	20 000.00		贷	73 507.40
12	31	汇 2	16—31 日发生额		143 142.05		贷	216 649.45
12	31		本月合计	43 000.00	163 142.05			

总　账

会计科目：应收利息

202× 年		凭证号数	摘　要	借　方	贷　方	核对号	借或贷	余　额
月	日							
12	1		期初余额				平	0
12	31	汇 2	16—31 日发生额	50 000.00			借	50 000.00
12	31		本月合计	50 000.00	0			

总　账

会计科目：预付账款

202× 年		凭证号数	摘　要	借　方	贷　方	核对号	借或贷	余　额
月	日							
12	1		期初余额				借	3 100 000.00
12	15	汇 1	1—15 日发生额	40 600.00	2 868 564.50		借	272 035.50
12	31		本月合计	40 600.00	2 868 564.50			

总　账

会计科目：材料采购

202× 年		凭证号数	摘　要	借　方	贷　方	核对号	借或贷	余　额
月	日							
12	1		期初余额				借	197 400.00
12	15	汇 1	1—15 日发生额	4 355 620.00	4 553 020.00		平	0
12	31		本月合计	4 355 620.00	4 553 020.00			

总　账

会计科目：库存商品

202× 年		凭证号数	摘　要	借　方	贷　方	核对号	借或贷	余　额
月	日							
12	1		期初余额				借	5 247 000.00
12	15	汇 1	1—15 日发生额		1 360 000.00		借	3 887 000.00
12	31	汇 2	16—31 日发生额	17 719 723.00	2 836 000.00		借	18 770 723.00
12	31		本月合计	17 719 723.00	4 196 000.00			

总　账

会计科目：发出商品

202× 年		凭证号数	摘　要	借　方	贷　方	核对号	借或贷	余　额
月	日							
12	1		期初余额				借	124 000.00
12	15	汇 1	1—15 日发生额	310 000.00			借	434 000.00
12	31	汇 2	16—31 日发生额		186 000.00		借	248 000.00
12	31		本月合计	310 000.00	186 000.00			

总　账

会计科目：原材料

202× 年		凭证号数	摘　要	借　方	贷　方	核对号	借或贷	余　额
月	日							
12	1		期初余额				借	14 598 150.00
12	15	汇 1	1—15 日发生额	4 505 339.00	12 958 800.00		借	6 144 689.00
12	31	汇 2	16—31 日发生额		17 500.00		借	6 127 189.00
12	31		本月合计	4 505 339.00	12 976 300.00			

总 账

会计科目：材料成本差异

202× 年		凭证号数	摘 要	借 方	贷 方	核对号	借或贷	余 额
月	日							
12	1		期初余额				借	469 670.00
12	15	汇 1	1—15 日发生额	50 584.05	18 539.00		借	501 715.05
12	31	汇 2	16—31 日发生额		355 992.81		借	145 722.24
12	31		本月合计	50 584.05	374 531.81			

总 账

会计科目：自制半成品

202× 年		凭证号数	摘 要	借 方	贷 方	核对号	借或贷	余 额
月	日							
12	1		期初余额				借	910 400.00
12	15	汇 1	1—15 日发生额		53 600.00		借	856 800.00
12	31	汇 2	16—31 日发生额	518 336.00	464 000.00		借	911 136.00
12	31		本月合计	518 336.00	517 600.00			

总 账

会计科目：生产成本

202× 年		凭证号数	摘 要	借 方	贷 方	核对号	借或贷	余 额
月	日							
12	1		期初余额				借	4 065 648.00
12	15	汇 1	1—15 日发生额	11 902 000.00			借	15 967 648.00
12	31	汇 2	16—31 日发生额	2 627 374.58	18 656 819.40		贷	61 796.82
12	31		本月合计	14 529 374.58	18 656 819.40			

总 账

会计科目：合同履约成本

202× 年		凭证号数	摘 要	借 方	贷 方	核对号	借或贷	余 额
月	日							
12	1		期初余额				借	495 000.00
12	31	汇 2	16—31 日发生额		495 000.00		平	0
12	31		本月合计	0	495 000.00			

总 账

会计科目：周转材料

202× 年		凭证号数	摘 要	借 方	贷 方	核对号	借或贷	余 额
月	日							
12	1		期初余额				借	87 500.00
12	15	汇 1	1—15 日发生额		62 858.00		借	24 642.00
12	31		本月合计	0	62 858.00			

总 账

会计科目：委托加工物资

202×年 月	日	凭证号数	摘 要	借 方	贷 方	核对号	借或贷	余 额
12	1		期初余额				借	30 000.00
12	15	汇 1	1—15 日发生额	69 103.00			借	99 103.00
12	31	汇 2	16—31 日发生额		69 103.00		借	30 000.00
12	31		本月合计	69 103.00	69 103.00			

总 账

会计科目：委托代销商品

202×年 月	日	凭证号数	摘 要	借 方	贷 方	核对号	借或贷	余 额
12	1		期初余额				平	0
12	31	汇 1	1—15 日发生额	1 050 000.00			借	1 050 000.00
12	31	汇 2	16—31 日发生额		1 050 000.00		平	0
12	31		本月合计	1 050 000.00	1 050 000.00			

总 账

会计科目：存货跌价准备

202×年 月	日	凭证号数	摘 要	借 方	贷 方	核对号	借或贷	余 额
12	1		期初余额				贷	131 400.00
12	31		本月合计	0	0			

总 账

会计科目：长期待摊费用

202×年 月	日	凭证号数	摘 要	借 方	贷 方	核对号	借或贷	余 额
12	1		期初余额				借	53 000.00
12	31	汇 2	16—31 日发生额		8 833.33		借	44 166.67
12	31		本月合计		8 833.33			

总 账

会计科目：工程物资

202×年 月	日	凭证号数	摘 要	借 方	贷 方	核对号	借或贷	余 额
12	1		期初余额				借	40 000.00
12	15	汇 1	1—15 日发生额	45 630.00	45 630.00		借	40 000.00
12	31		本月合计	45 630.00	45 630.00			

总　账

会计科目：在建工程

202× 年		凭证号数	摘　要	借　方	贷　方	核对号	借或贷	余　额
月	日							
12	1		期初余额				借	820 000.00
12	15	汇 1	1—15 日发生额	1 050 730.00			借	1 870 730.00
12	31	汇 2	16—31 日发生额	64 154.44			借	1 934 884.44
12	31		本月合计	1 114 884.44	0			

总　账

会计科目：长期股权投资

202× 年		凭证号数	摘　要	借　方	贷　方	核对号	借或贷	余　额
月	日							
12	1		期初余额				借	300 000.00
12	15	汇 1	1—15 日发生额	300 000.00			借	600 000.00
12	31		本月合计	300 000.00	0			

总　账

会计科目：债权投资

202× 年		凭证号数	摘　要	借　方	贷　方	核对号	借或贷	余　额
月	日							
12	1		期初余额				借	1 505 000.00
12	15	汇 1	1—15 日发生额	301 600.00	1 590 000.00		借	216 600.00
12	31	汇 2	16—31 日发生额		10 000.00		借	206 600.00
12	31		本月合计	301 600.00	1 600 000.00			

总　账

会计科目：长期股权投资减值准备

202× 年		凭证号数	摘　要	借　方	贷　方	核对号	借或贷	余　额
月	日							
12	1		期初余额				贷	120 000.00
12	31	汇 2	16—31 日发生额		0		贷	120 000.00
12	31		本月合计	0	0			

总　账

会计科目：债权投资减值准备

202× 年		凭证号数	摘　要	借　方	贷　方	核对号	借或贷	余　额
月	日							
12	1		期初余额				平	0
12	31	汇 2	16—31 日发生额		5 000.00		贷	5 000.00
12	31		本月合计	0	5 000.00			

总　账

会计科目：无形资产

202×年 月	日	凭证号数	摘　要	借　方	贷　方	核对号	借或贷	余　额
12	1		期初余额				借	228 000.00
12	15	汇 1	1—15 日发生额	26 800.00			借	254 800.00
12	31		本月合计	26 800.00	0			

总　账

会计科目：累计摊销

202×年 月	日	凭证号数	摘　要	借　方	贷　方	核对号	借或贷	余　额
12	1		期初余额				平	0
12	31	汇 2	16—31 日发生额		2 346.67		贷	2 346.67
12	31		本月合计	0	2 346.67			

总　账

会计科目：无形资产减值准备

202×年 月	日	凭证号数	摘　要	借　方	贷　方	核对号	借或贷	余　额
12	1		期初余额				平	0
12	31	汇 2	16—31 日发生额		1 000.00		贷	1 000.00
12	31		本月合计	0	1 000.00			

总　账

会计科目：固定资产清理

202×年 月	日	凭证号数	摘　要	借　方	贷　方	核对号	借或贷	余　额
12	1		期初余额				平	0
12	31	汇 1	1—15 日发生额	1 769.91	1 769.91		平	0
12	31		本月合计	1 769.91	1 769.91			

总　账

会计科目：固定资产

202×年 月	日	凭证号数	摘　要	借　方	贷　方	核对号	借或贷	余　额
12	1		期初余额				借	70 670 000.00
12	15	汇 1	1—15 日发生额	1 591 180.00	16 000.00		借	72 245 180.00
12	31	汇 2	16—31 日发生额	55 000.00			借	72 300 180.00
12	31		本月合计	1 646 180.00	16 000.00			

总　账

会计科目：累计折旧

202×年 月	日	凭证号数	摘　要	借　方	贷　方	核对号	借或贷	余　额
12	1		期初余额				贷	48 796 000.00
12	15	汇 1	1—15 日发生额	15 000.00			贷	48 781 000.00
12	31	汇 2	16—31 日发生额		483 003.90		贷	49 264 003.90
12	31		本月合计	15 000.00	483 003.90			

总　账

会计科目：固定资产减值准备

202×年 月	日	凭证号数	摘　要	借　方	贷　方	核对号	借或贷	余　额
12	1		期初余额				贷	1 258 000.00
12	31		本月合计	0	0			

总　账

会计科目：短期借款

202×年 月	日	凭证号数	摘　要	借　方	贷　方	核对号	借或贷	余　额
12	1		期初余额				贷	5 350 000.00
12	31		本月合计	0	0			

总　账

会计科目：应付账款

202× 年		凭证号数	摘　要	借　方	贷　方	核对号	借或贷	余　额
月	日							
12	1		期初余额				贷	7 854 500.00
12	15	汇 1	1—15 日发生额	1 425 660.00	1 547 356.00		贷	7 976 196.00
12	31	汇 2	16—31 日发生额	34 500.00			贷	7 941 696.00
12	31		本月合计	1 460 160.00	1 547 356.00			

总　账

会计科目：应付票据

202× 年		凭证号数	摘　要	借　方	贷　方	核对号	借或贷	余　额
月	日							
12	1		期初余额				贷	116 000.00
12	15	汇 1	1—15 日发生额		1 747 720.00		贷	1 863 720.00
12	31		本月合计	0	1 747 720.00			

总　账

会计科目：应付职工薪酬

202× 年		凭证号数	摘　要	借　方	贷　方	核对号	借或贷	余　额
月	日							
12	1		期初余额				贷	2 680 000.00
12	15	汇 1	1—15 日发生额	988 689.00			贷	1 691 311.00
12	31	汇 2	16—31 日发生额	62 965.00	956 105.46		贷	2 584 451.46
12	31		本月合计	1 051 654.00	956 105.46			

总　账

会计科目：应交税费

202× 年		凭证号数	摘　要	借　方	贷　方	核对号	借或贷	余　额
月	日							
12	1		期初余额				贷	283 025.00
12	15	汇 1	1—15 日发生额	860 488.32	499 647.38		借	77 815.94
12	31	汇 2	16—31 日发生额	54 689.60	604 398.31		贷	471 892.77
12	31		本月合计	915 177.92	1 104 045.69			

总　账

会计科目：其他应付款

202×年		凭证号数	摘　要	借　方	贷　方	核对号	借或贷	余　额
月	日							
12	1		期初余额				贷	310 800.00
12	15	汇 1	1—15 日发生额		104 200.00		贷	415 000.00
12	31	汇 2	16—31 日发生额	1 350.00	95 610.55		贷	509 260.55
12	31		本月合计	1 350.00	199 810.55			

总　账

会计科目：预收账款

202×年		凭证号数	摘　要	借　方	贷　方	核对号	借或贷	余　额
月	日							
12	1		期初余额				贷	4 289 700.00
12	31		本月合计	0	0			

总　账

会计科目：应付利息

202×年		凭证号数	摘　要	借　方	贷　方	核对号	借或贷	余　额
月	日							
12	1		期初余额				贷	31 200.00
12	31	汇 2	16—31 日发生额	31 200.00	89 250.00		贷	89 250.00
12	31		本月合计	31 200.00	89 250.00			

总　账

会计科目：应付股利

202×年		凭证号数	摘　要	借　方	贷　方	核对号	借或贷	余　额
月	日							
12	1		期初余额				平	0
12	31	汇 2	16—31 日发生额		710 515.42		贷	710 515.42
12	31		本月合计	0	710 515.42			

总　账

会计科目：预计负债

202×年 月	日	凭证号数	摘　要	借　方	贷　方	核对号	借或贷	余　额
12	1		期初余额				平	0
12	31	汇 2	16—31 日发生额		260 000.00		贷	260 000.00
12	31		本月合计	0	260 000.00			

总　账

会计科目：长期借款

202×年 月	日	凭证号数	摘　要	借　方	贷　方	核对号	借或贷	余　额
12	1		期初余额				贷	3 956 000.00
12	15	汇 1	1—15 日发生额		3 000 000.00		贷	6 956 000.00
12	31		本月合计		3 000 000.00			

总　账

会计科目：长期应付款

202×年 月	日	凭证号数	摘　要	借　方	贷　方	核对号	借或贷	余　额
12	1		期初余额				平	0
12	15	汇 1	1—15 日发生额		1 400 000.00		贷	1 400 000.00
12	31		本月合计	0	1 400 000.00			

总　账

会计科目：未确认融资费用

202×年 月	日	凭证号数	摘　要	借　方	贷　方	核对号	借或贷	余　额
12	1		期初余额				平	0
12	15	汇 1	1—15 日发生额	151 140.00			借	151 140.00
12	31	汇 2	16—31 日发生额		5 203.58		借	145 936.42
12	31		本月合计	151 140.00	5 203.58			

总　账

会计科目：应付债券

202×年 月	日	凭证号数	摘　要	借　方	贷　方	核对号	借或贷	余　额
12	1		期初余额				贷	1 022 000.00
12	31	汇 2	16—31 日发生额		7 000.00		贷	1 029 000.00
12	31		本月合计	0	7 000.00			

总　账

会计科目：实收资本

202×年 月	日	凭证号数	摘　要	借　方	贷　方	核对号	借或贷	余　额
12	1		期初余额				贷	5 000 000.00
12	31		本月合计	0	0			

总　账

会计科目：资本公积

202×年 月	日	凭证号数	摘　要	借　方	贷　方	核对号	借或贷	余　额
12	1		期初余额				贷	1 100 000.00
12	31		本月合计	0	0			

总　账

会计科目：盈余公积

202×年 月	日	凭证号数	摘　要	借　方	贷　方	核对号	借或贷	余　额
12	1		期初余额				贷	6 664 249.13
12	31	汇 2	16—31 日发生额	28 773.14	2 378 697.23		贷	9 014 173.22
12	31		本月合计	28 773.14	2 378 697.23			

总　账

会计科目：主营业务收入

202×年 月	日	凭证号数	摘　要	借　方	贷　方	核对号	借或贷	余　额
12	15	汇 1	1—15 日发生额		2 330 000.00		贷	2 330 000.00
12	31	汇 2	16—31 日发生额	5 325 000.00	2 995 000.00		平	0
12	31		本月合计	5 325 000.00	5 325 000.00			

总　账

会计科目：其他业务收入

202×年 月	日	凭证号数	摘　要	借　方	贷　方	核对号	借或贷	余　额
12	15	汇 1	1—15 日发生额		1 100 000.00		贷	1 100 000.00
12	31	汇 2	16—31 日发生额	1 772 800.00	672 800.00		平	0
12	31		本月合计	1 772 800.00	1 772 800.00			

总　账

会计科目：本年利润

202×年		凭证号数	摘　要	借　方	贷　方	核对号	借或贷	余　额
月	日							
12	31	汇2	16—31日发生额	7 238 919.91	7 238 919.91			0
12	31		本月合计	7 238 919.91	7 238 919.91			

总　账

会计科目：利润分配

202×年		凭证号数	摘　要	借　方	贷　方	核对号	借或贷	余　额
月	日							
12	1		期初余额				贷	16 959 676.47
12	31	汇2	16—31日发生额	6 244 119.71	3 238 619.21		贷	13 954 175.97
12	31		本月合计	6 244 119.71	3 238 619.21			

（四）202×年总账余额及损益类账户发生额

总账余额表

202×年12月31日　　　　单位：元

会计科目	金额
货币资金	6 721 201.96
其中：库存现金	12 650.00
银行存款	6 538 551.96
其他货币资金	170 000.00
交易性金融资产	120 000.00
应收票据	2 449 520.00
应收账款	2 157 580.00
坏账准备	216 649.45
应收利息	50 000.00
其他应收款	29 715.00
预付账款	272 035.50
存货	26 064 215.42
其中：库存商品	18 770 723.00
原材料	6 127 189.00
发出商品	248 000.00
生产成本	(61 796.82)
周转材料	24 642.00
材料成本差异	145 722.24
自制半成品	911 136.00
委托加工物资	30 000.00

续表

会计科目	金额
存货跌价准备	(131 400.00)
长期股权投资	600 000.00
债权投资	206 600.00
长期股权投资减值准备	120 000.00
债权投资减值准备	5 000.00
长期待摊费用	44 166.67
固定资产原价	72 300 180.00
累计折旧	49 264 003.90
固定资产减值准备	1 258 000.00
在建工程	1 934 884.44
工程物资	40 000.00
无形资产	254 800.00
累计摊销	2 346.67
无形资产减值准备	1 000.00
资产总计	62 377 898.97
短期借款	5 350 000.00
应付票据	1 863 720.00
应付账款	7 941 696.00
预收账款	4 289 700.00
应付职工薪酬	2 584 451.46
应交税费	471 892.77
其他应付款	509 260.55
应付股利	710 515.42
应付利息	89 250.00
长期借款	6 956 000.00
应付债券	1 029 000.00
长期应付款	1 400 000.00
未确认融资费用	(145 936.42)
预计负债	260 000.00
实收资本	5 000 000.00
资本公积	1 100 000.00
盈余公积	9 014 173.22
利润分配	13 954 175.97
负债和所有者权益总计	62 377 898.97

损益类账户发生额

202×年度　　　　　　　　　　　　　　　　单位：元

会计科目	本月数	本年累计数
主营业务收入	5 325 000.00	70 167 300.00
主营业务成本	4 536 000.00	43 476 000.00
税金及附加	19 911.04	11 023 103.94
其他业务收入	1 772 800.00	3 092 800.00
其他业务成本	1 471 695.00	1 877 530.03
销售费用	109 875.00	537 875.00
管理费用	338 271.62	5 968 271.62
财务费用	112 316.45	6 902 316.45
投资收益	130 000.00	9 190 000.00
营业外收入	11 119.91	963 733.41
营业外支出	330 000.00	848 209.10
所得税费用	42 927.19	3 157 846.31
信用减值损失	143 142.05	143 142.05
资产减值损失	（6 000.00）	（6 000.00）

（五）202×年 12 月份经济事项、记账凭证及相关原始凭证

1. 12 月 1 日，采购员张玉出差回来报销差旅费 3 000.00 元。

出差费用报销单

付　款　凭　证

现付 字第 1 号

贷方科目：库存现金　　　202×年 12 月 1 日

摘　要	对方科目		借或贷	金额										√
	总账科目	明细科目		千	百	十	万	千	百	十	元	角	分	
报销差旅费	管理费用							2	8	8	7	7	5	□
	应交税费	应交增值税（进项税额）							1	1	2	2	5	□
														□
														□
合　计							¥	3	0	0	0	0	0	□

附单据 1 张

财会主管：　　记账：　　出纳：　　复核：　　制单：

长期借款申请书
借款借据
支付系统专用凭证
转账支票存根
工程合同

2. 12 月 1 日，公司为扩大生产规模开工建造一幢锅炉，工期预计为 6 个月，工程采用出包方式委托华南建筑公司建造。约定按工程进度分 3 次付款。向本市工商银行借入的该工程 2 年期的专门借款 300 万元于同日划入公司账户，同日支付首笔工程款 100 万元。该专门借款年利率为 5%。

付款凭证

银付 字第 1 号

贷方科目：银行存款　　202×年 12 月 1 日

摘要	对方科目		借或贷	金额										√
	总账科目	明细科目		千	百	十	万	千	百	十	元	角	分	
工程出包	在建工程	出包工程（华南建筑公司）			1	0	0	0	0	0	0	0	0	□
														□
														□
														□
														□
														□
合计				¥	1	0	0	0	0	0	0	0	0	□

附单据 2 张

财会主管：　　记账：　　出纳：　　复核：　　制单：

收款凭证

银收 字第 1 号

借方科目：银行存款　　202×年 12 月 1 日

摘要	对方科目		借或贷	金额										√
	总账科目	明细科目		千	百	十	万	千	百	十	元	角	分	
工程借款	长期借款	工程借款			3	0	0	0	0	0	0	0	0	□
														□
														□
														□
														□
														□
合计				¥	3	0	0	0	0	0	0	0	0	□

附单据 2 张

财会主管：　　记账：　　出纳：　　复核：　　制单：

3. 12 月 2 日，向银行申请办理银行汇票 150 000 元，用于购买材料。

汇票委托书（存根）

付　款　凭　证

银付 字第 2 号

贷方科目：银行存款　　　　202×年 12 月 2 日

摘　要	对方科目		借或贷	金额										√
	总账科目	明细科目		千	百	十	万	千	百	十	元	角	分	
申请办理银行汇票	其他货币资金	银行汇票				1	5	0	0	0	0	0	0	□
														□
														□
														□
														□
														□
合　计					¥	1	5	0	0	0	0	0	0	□

附单据 1 张

财会主管：　　　记账：　　　出纳：　　　复核：　　　制单：

---

4. 12 月 3 日，生产领用材料。

领料汇总表

转　账　凭　证

转 字第 1 号

202×年 12 月 3 日

摘　要	总账科目	明细科目	借或贷	借方金额											贷方金额											√
				亿	千	百	十	万	千	百	十	元	角	分	亿	千	百	十	万	千	百	十	元	角	分	
生产领用材料	生产成本	炼铁车间				4	0	3	6	0	0	0	0	0												□
		炼钢车间				1	3	8	0	0	0	0	0	0												□
		轧钢车间				1	9	5	0	0	0	0	0	0												□
生产领用材料	原材料																7	3	6	6	0	0	0	0	0	□
																										□
																										□
合　计					¥	7	3	6	6	0	0	0	0	0		¥	7	3	6	6	0	0	0	0	0	□

附单据 8 张

财会主管：　　　记账：　　　复核：　　　制单：

（自制原始凭证：领料单 7 张）

股权转让协议

5. 12 月 3 日，公司按上月 20 日与北京市国有资产投资经营公司达成的股权转让协议，以每股 1. 50 元的价格受让其持有的佳庆股份有限公司 25% 的股权（200 000 股），12 月 3 日完成转让事宜，以银行存款支付全部股权转让款，并完成有关佳庆股份有限公司的股权变更手续。本公司对其具有重大影响。12 月 3 日，佳庆股份有限公司每股净资产为 1. 20 元。

付　款　凭　证

银付 字第 3 号

贷方科目：银行存款　　　　202×年 12 月 3 日

摘　要	对方科目		借或贷	金额										√
	总账科目	明细科目		千	百	十	万	千	百	十	元	角	分	
股权转让	长期股权投资	佳庆股份有限公司				3	0	0	0	0	0	0	0	□
														□
														□
														□
														□
														□
合　　计					¥	3	0	0	0	0	0	0	0	□

附单据 1 张

财会主管：　　记账：　　出纳：　　复核：　　制单：

（自制原始凭证：转账支票存根）

增值税专用发票（2 张）

6. 12 月 3 日，上月预付山西大同矿货款购买焦炭 200 吨，单价 2 450. 00元，现已到货，发生运输费用 12 164. 40 元（含税价），材料已验收入库。

转　账　凭　证

转 字第 2-1/2 号

202×年 12 月 3 日

摘　要	总账科目	明细科目	借或贷	借方金额											贷方金额											√
				亿	千	百	十	万	千	百	十	元	角	分	亿	千	百	十	万	千	百	十	元	角	分	
购入原材料	材料采购	焦炭					5	0	1	1	6	0	0	0												□
	应交税费	应交增值税（进项税额）						6	4	7	0	4	4	0												□
购入原材料	预付账款	山西大同矿																5	6	5	8	6	4	4	0	□
																										□
																										□
合　　计						¥	5	6	5	8	6	4	4	0			¥	5	6	5	8	6	4	4	0	□

附单据 2 张

财会主管：　　记账：　　复核：　　制单：

转账凭证

转字第 2-2/2 号

202×年 12 月 3 日

摘要	总账科目	明细科目	借或贷	借方金额											贷方金额											√
				亿	千	百	十	万	千	百	十	元	角	分	亿	千	百	十	万	千	百	十	元	角	分	
购入原材料	原材料	焦炭					5	0	4	4	0	0	0	0												□
购入原材料	材料成本差异	原材料																		3	2	4	0	0	0	□
	材料采购	焦炭																5	0	1	1	6	0	0	0	□
																										□
																										□
																										□
合计						¥	5	0	4	4	0	0	0	0			¥	5	0	4	4	0	0	0	0	□

附单据 2 张

财会主管： 记账： 复核： 制单：

7. 12 月 3 日，领用辅助材料。

领料汇总记录

转账凭证

转字第 3 号

202×年 12 月 3 日

摘要	总账科目	明细科目	借或贷	借方金额											贷方金额											
				亿	千	百	十	万	千	百	十	元	角	分	亿	千	百	十	万	千	百	十	元	角	分	
领用辅助材料	制造费用	轧钢车间					1	1	9	8	0	0	0	0												□
	生产成本	机修车间					1	0	5	0	0	0	0	0												□
		供电车间						3	5	0	0	0	0	0												□
领用辅助材料	原材料	辅助材料																2	5	9	8	0	0	0	0	□
																										□
																										□
合计						¥	2	5	9	8	0	0	0	0			¥	2	5	9	8	0	0	0	0	□

附单据 6 张

财会主管： 记账： 复核： 制单：

（自制原始凭证：领料单 5 张）

8. 12 月 3 日，经确认光彩矿石公司有一笔应收账款 38 000.00 元无法收回，同时收回 5 月份已转销的坏账——为民钢材公司欠款 20 000.00元。

坏账核销单
进账单

转 账 凭 证

转 字第 4 号

202×年 12 月 3 日

摘 要	总账科目	明细科目	借或贷	借方金额											贷方金额											√
				亿	千	百	十	万	千	百	十	元	角	分	亿	千	百	十	万	千	百	十	元	角	分	
确认坏账	坏账准备							3	8	0	0	0	0	0												□
确认坏账	应收账款	光彩矿石																	3	8	0	0	0	0	0	□
																										□
																										□
																										□
																										□
合 计							¥	3	8	0	0	0	0	0				¥	3	8	0	0	0	0	0	□

附单据1张

财会主管： 记账： 复核： 制单：

转 账 凭 证

转 字第 5 号

202×年 12 月 3 日

摘 要	总账科目	明细科目	借或贷	借方金额											贷方金额											√
				亿	千	百	十	万	千	百	十	元	角	元	亿	千	百	十	万	千	百	十	元	角	元	
收回已转销坏账	应收账款	为民钢材公司						2	0	0	0	0	0	0												□
收回已转销坏账	坏账准备																		2	0	0	0	0	0	0	□
																										□
																										□
																										□
																										□
合 计							¥	2	0	0	0	0	0	0				¥	2	0	0	0	0	0	0	□

附单据1张

财会主管： 记账： 复核： 制单：

收 款 凭 证

银收 字第 2 号

借方科目：银行存款

202×年 12 月 3 日

摘 要	对方科目		借或贷	金额										√
	总账科目	明细科目		千	百	十	万	千	百	十	元	角	分	
收回已转销坏账	应收账款	为民钢材公司					2	0	0	0	0	0	0	□
														□
														□
														□
														□
														□
合 计						¥	2	0	0	0	0	0	0	□

附单据1张

财会主管： 记账： 出纳： 复核： 制单：

（注：已收回核销账款）

9. 12 月 4 日，销售给沈阳漫源物资经销公司 ϕ25 mm 螺纹钢 200 吨，单位售价3 800. 00元，单位成本 3 290. 00 元，采用托收承付结算方式，货已发出，并已办理托收手续，代垫运费 5 000. 00 元。

增值税专用发票（2张）
托收凭证
产品出库单
转账支票存根

转 账 凭 证

转 字第 6 号

202×年 12 月 4 日

摘要	总账科目	明细科目	借或贷	借方金额											贷方金额											√
				亿	千	百	十	万	千	百	十	元	角	分	亿	千	百	十	万	千	百	十	元	角	分	
销售商品	应收账款	沈阳漫漂物资经销公司					8	5	8	8	0	0	0	0												□
销售商品	主营业务收入																	7	6	0	0	0	0	0	0	□
	应交税费	应交增值税（销项税额）																	9	8	8	0	0	0	0	□
																										□
																										□
																										□
合 计						¥	8	5	8	8	0	0	0	0			¥	8	5	8	8	0	0	0	0	□

附单据 4 张

财会主管： 记账： 复核： 制单：

付 款 凭 证

银付 字第 4 号

贷方科目：银行存款

202×年 12 月 4 日

摘要	对方科目		借或贷	金额										√
	总账科目	明细科目		千	百	十	万	千	百	十	元	角	分	
付代垫运费	应收账款	沈阳漫源物资经销公司						5	0	0	0	0	0	□
														□
														□
														□
														□
														□
合 计							¥	5	0	0	0	0	0	□

附单据 1 张

财会主管： 记账： 出纳： 复核： 制单：

10. 12 月 4 日，与加加资产租赁公司签订资产租赁合同，租入固定资产。租赁合同主要条款如下：

租赁合同

租赁标的物：大型运输设备一台

起租日：202×年 12 月 10 日

租赁期：202×年 12 月 10 日—202×+3 年 12 月 10 日，共 3 年

租金支付方式，每年年末支付租金 30 万元。

租赁期满，设备所有权转移给承租人，估计余值为 60 万元，其中由京华商贸股份有限公司担保的余值为 50 万元。

该设备为全新设备，加加公司购置价（公允价值）为 150 万元，预计使用年限为 5 年，租赁内含利率为 5%（合同约定）。

转 账 凭 证

转 字第 7 号

202×年 12 月 4 日

摘要	总账科目	明细科目	借或贷	借方金额											贷方金额											√
				亿	千	百	十	万	千	百	十	元	角	分	亿	千	百	十	万	千	百	十	元	角	分	
租入固定资产	固定资产	租入固定资产				1	2	4	8	8	6	0	0	0												□
	未确认融资费用						1	5	1	1	4	0	0	0												□
租入固定资产	长期应付款	应付租赁款															1	4	0	0	0	0	0	0	0	□
																										□
																										□
合计					¥	1	4	0	0	0	0	0	0	0		¥	1	4	0	0	0	0	0	0	0	□

附单据 1 张

财会主管：　　记账：　　复核：　　制单：

11. 12 月 4 日，付电话费 25 070.00 元。

公司电话费记录
增值税专用发票
委托收款凭证

付 款 凭 证

银付 字第 5 号

贷方科目：银行存款　　202×年 12 月 4 日

摘要	对方科目		借或贷	金额										√
	总账科目	明细科目		千	百	十	万	千	百	十	元	角	分	
付电话费	制造费用	炼铁车间						2	0	0	0	0	0	□
		炼钢车间						1	8	0	0	0	0	□
		轧钢车间						2	6	0	0	0	0	□
	生产成本	机修车间						2	5	0	0	0	0	□
		供电车间						3	0	0	0	0	0	□
	在建工程							1	5	0	0	0	0	□
	管理费用							9	6	0	0	0	0	□
	应交税费	应交增值税（进项税额）						2	0	7	0	0	0	□
合计						¥	2	5	0	7	0	0	0	□

附单据 3 张

财会主管：　　记账：　　出纳：　　复核：　　制单：

12. 12 月 5 日，从上海光明金属五金丝网厂购入 20#镀锌铁丝1 000 千克，单价 3. 87 元，货已运达企业并验收入库，运输费 294. 30 元，货款及运费当即支付。

增值税专用发票（2 张）
银行电汇凭证

付　款　凭　证

银付 字第　6　号

贷方科目：银行存款　　　202×年 12 月 5 日

摘　要	对方科目		借或贷	金额										√
	总账科目	明细科目		千	百	十	万	千	百	十	元	角	分	
购入材料	材料采购							4	1	4	0	0	0	□
	应交税费	应交增值税（进项税额）							5	2	7	4	0	□
														□
														□
														□
合　计							¥	4	6	6	7	4	0	□

附单据 1 张

财会主管：　记账：　出纳：　复核：　制单：

转　账　凭　证

转 字第　8　号

202×年 12 月 5 日

摘　要	总账科目	明细科目	借或贷	借方金额											贷方金额											√
				亿	千	百	十	万	千	百	十	元	角	分	亿	千	百	十	万	千	百	十	元	角	分	
购入材料入库	原材料	辅助材料							3	8	0	0	0	0												□
	材料成本差异	辅助材料								3	4	0	0	0												□
购入材料入库	材料采购																			4	1	4	0	0	0	□
																										□
																										□
合　计								¥	4	1	4	0	0	0					¥	4	1	4	0	0	0	□

附单据 5 张

财会主管：　记账：　复核：　制单：

（自制原始凭证：领料单、转账支票存根）

13. 12 月 5 日，根据与能达有限公司达成的协议，公司用产品 ϕ6. 5mm 高速线材 10 吨交换发电机 1 台，ϕ6. 5mm 高速线材账面成本为 35 000. 00 元，公允价值为 40 000. 00 元，能达有限公司另支付价差 4 000. 00 元，此交易已完成，发生交易费用 800. 00 元（除增值税以外不考虑其他税费）。发电机原值 40 000. 00 元，已提折旧 4 000. 00 元。

非货币交易协议书
进账单
出库单
固定资产验收单

企业换入发电机入账价值＝40 000－4 000+（5 200－4 680）+800＝37 320（元）

转 账 凭 证

转 字第 9 号

202x年 12月 5日

摘要	总账科目	明细科目	借或贷	借方金额											贷方金额											√
				亿	千	百	十	万	千	百	十	元	角	分	亿	千	百	十	万	千	百	十	元	角	分	
用线材交换发电机	固定资产	生产用发动机						3	7	3	2	0	0	0												□
	应交税费	应交增值税（进项税额）							4	6	8	0	0	0												□
用线材交换发电机	应交税费	应交增值税（销项税额）																		5	2	0	0	0	0	□
	主营业务收入																		3	6	8	0	0	0	0	□
																										□
合 计							¥	4	2	0	0	0	0	0				¥	4	2	0	0	0	0	0	□

附单据3张

财会主管： 记账： 复核： 制单：

收 款 凭 证

银收 字第 3 号

借方科目：银行存款　　202x年 12月 5日

摘要	对方科目		借或贷	金额										√
	总账科目	明细科目		千	百	十	万	千	百	十	元	角	分	
交换发电机	主营业务收入							3	2	0	0	0	0	□
														□
														□
														□
														□
合 计							¥	3	2	0	0	0	0	□

附单据1张

财会主管： 记账： 出纳： 复核： 制单：

14.12月6日，上月从上海钢铁集团购入锰铁30吨在途材料已到达企业。现验收入库时发现短缺2吨，原因已查明，属于供应单位少发货所致。购买单价为6 580.00元。

转 账 凭 证

转 字第 10-1/2 号

202x年 12月 6日

摘要	总账科目	明细科目	借或贷	借方金额											贷方金额											√
				亿	千	百	十	万	千	百	十	元	角	分	亿	千	百	十	万	千	百	十	元	角	分	
购入材料入库	原材料	锰铁					1	8	4	8	0	0	0	0												□
购入材料入库	材料采购	锰铁																1	8	4	2	4	0	0	0	□
	材料成本差异	原材料																			5	6	0	0	0	□
																										□
																										□
																										□
																										□
合 计						¥	1	8	4	8	0	0	0	0			¥	1	8	4	8	0	0	0	0	□

附单据1张

财会主管： 记账： 复核： 制单：

转　账　凭　证

转 字第 10-2/2 号

202×年 12 月 6 日

摘　要	总账科目	明细科目	借或贷	借方金额（亿千百十万千百十元角分）	贷方金额（亿千百十万千百十元角分）	√
购入材料发现短缺	应付账款	上海钢铁集团		1316000		□
购入材料发现短缺	材料采购	锰铁			1316000	□
						□
						□
						□
						□
合　计				¥1316000	¥1316000	□

附单据1张

财会主管：　　记账：　　复核：　　制单：

（自制原始凭证：收料单、待处理财产损溢报告）

15. 12 月 6 日，公司应收前程建筑公司账款 300 000.00 元，因该公司无力偿还，经双方协商达成协议，用一辆办公用汽车抵债，该笔应收账款已提坏账准备 5 000.00 元，在办理产权过户手续过程中发生相关税费 2 000.00 元。另外又向对方支付 10 000.00 元作为补价。

北京事业单位收费收据
债务重组协议

转　账　凭　证

转 字第 11 号

202×年 12 月 6 日

摘　要	总账科目	明细科目	借或贷	借方金额（亿千百十万千百十元角分）	贷方金额（亿千百十万千百十元角分）	√
收到抵债汽车	固定资产	非生产用——汽车		29500000		□
	坏账准备	应收账款		500000		□
收到抵债汽车	应收账款	前程建筑公司			30000000	□
						□
						□
						□
合　计				¥30000000	¥30000000	□

附单据2张

财会主管：　　记账：　　复核：　　制单：

付款凭证

银付 字第 7 号

贷方科目：银行存款　　　　202×年 12 月 6 日

摘要	对方科目		借或贷	金额										√
	总账科目	明细科目		千	百	十	万	千	百	十	元	角	分	
收到抵债汽车支付补价及相关税费	固定资产	非生产用——汽车					1	0	0	0	0	0	0	□
	管理费用							2	0	0	0	0	0	□
														□
														□
合计						¥	1	2	0	0	0	0	0	□

附单据 2 张

财会主管：　　记账：　　出纳：　　复核：　　制单：

（自制原始凭证：转账支票存根、固定资产验收单）

增值税专用发票

16. 12 月 6 日，从本市汉江油品公司购入美孚合成 1#机油 400 升，单价 370.00 元。销货方将机油送达公司并已验收入库，款已付讫。

付款凭证

银付 字第 8 号

贷方科目：银行存款　　　　202×年 12 月 6 日

摘要	对方科目		借或贷	金额										√
	总账科目	明细科目		千	百	十	万	千	百	十	元	角	分	
购入合成机油	材料采购					1	4	8	0	0	0	0	0	□
	应交税费	应交增值税（进项税额）					1	9	2	4	0	0	0	□
														□
														□
合计					¥	1	6	7	2	4	0	0	0	□

附单据 2 张

财会主管：　　记账：　　出纳：　　复核：　　制单：

转　账　凭　证

转字第　12　号

202×年 12月 6日

摘　要	总账科目	明细科目	借或贷	借方金额											贷方金额											√
				亿	千	百	十	万	千	百	十	元	角	分	亿	千	百	十	万	千	百	十	元	角	分	
购入合成机油入库	原材料	辅助材料（机油）					1	4	0	0	0	0	0	0												□
	材料成本差异	辅助材料							8	0	0	0	0	0												□
购入合成机油入库	材料采购																	1	4	8	0	0	0	0	0	□
																										□
																										□
合　计						¥	1	4	8	0	0	0	0	0			¥	1	4	8	0	0	0	0	0	□

附单据1张

财会主管：　　　　记账：　　　　复核：　　　　制单：

（自制原始凭证：转账支票存根、收料单）

17.12 月 6 日，石化加油站转来汽油费有关单据，共 14 000.00 元，其中公司办公用 3 000.00 元，计入管理费用；销售部门用 11 000.00元，计入销售费用。

增值税专用发票

付　款　凭　证

银付 字第　9　号

贷方科目：银行存款　　　　202×年 12月 6日

摘　要	对方科目		借或贷	金额										√
	总账科目	明细科目		千	百	十	万	千	百	十	元	角	分	
支付汽油费	管理费用							3	0	0	0	0	0	□
	销售费用	车队					1	1	0	0	0	0	0	□
	应交税费	应交增值税（进项税额）						1	8	2	0	0	0	□
														□
														□
合　计						¥	1	5	8	2	0	0	0	□

附单据2张

财会主管：　　　　记账：　　　　出纳：　　　　复核：　　　　制单：

（自制原始凭证：转账支票存根）

18.12 月 6 日，预付下年消防费 5 600.00 元，财产保险费 35 000.00元。（附消防费收据、财产保险收据）

说明：12 月 6 日，收到银行对账单。（不需要进行账务处理）

北京事业单位收费收据

增值税专用发票

中国工商银行（滨湖支行）对账单

账号：0001-84497877　　单位名称：大华钢铁公司　　币种：人民币

202× 年 日期	凭证种类	凭证号	发生额 借方	发生额 贷方	余额	记账员
1201	（略）	（略）			1 490 790. 00	0023
1201				3 000 000. 00	4 490 790. 00	0023
1202			1 000 000. 00		3 490 790. 00	0023
1203			150 000. 00		3 340 790. 00	0023
1203				20 000. 00	3 360 790. 00	0023
1204				3 200. 00	3 363 990. 00	0023
1204			300 000. 00		3 063 990. 00	0023
1204			5 000. 00		3 058 990. 00	0023
1204			25 070. 00		3 033 920. 00	0023
1206			4 667. 40		3 029 252. 60	0023
1206			12 000. 00		3 017 252. 60	0023
1206			167 240. 00		2 850 012. 60	0023
1206			15 820. 00		2 834 192. 60	0023
1206				1 680 000. 00	4 514 192. 60	0023

付 款 凭 证

银付 字第 10 号

贷方科目：银行存款　　202×年 12 月 6 日

摘要	对方科目 总账科目	对方科目 明细科目	借或贷	千	百	十	万	千	百	十	元	角	分	√
预付保险费等	预付账款	消防费						5	6	0	0	0	0	□
		保险费					3	5	0	0	0	0	0	□
	应交税费	应交增值税（进项税额）						2	1	0	0	0	0	□
														□
														□
合　计						¥	4	2	7	0	0	0	0	□

附单据 4 张

财会主管：　　记账：　　出纳：　　复核：　　制单：

进账单

19. 12 月 6 日，兑付 2 年期的国库券 1 500 000. 00 元，收回本息，年利率 6%，一次性还本付息。

收　款　凭　证

银收 字第　4　号

借方科目：银行存款　　　　202×年 12月 6日

摘　要	对方科目		借或贷	金额										√
	总账科目	明细科目		千	百	十	万	千	百	十	元	角	分	
兑付国库券	债权投资	债券投资（面值）			1	5	0	0	0	0	0	0	0	□
	债权投资	债券投资（应计利息）					9	0	0	0	0	0	0	□
	投资收益						9	0	0	0	0	0	0	□
														□
														□
合　计				¥	1	6	8	0	0	0	0	0	0	□

附单据1张

财会主管：　　　记账：　　　出纳：　　　复核：　　　制单：

20. 12 月 6 日，企业购买华京商贸股份有限公司发行的公司债券，面值 240 000. 00 元，发行价 300 000. 00 元，年利率 7%，期限 3 年，每半年计息一次，债券到期还本付息，支付佣金及手续费 1 600. 00 元。

债券代管凭证
转账支票存根

付　款　凭　证

银付 字第　11　号

贷方科目：银行存款　　　　202×年 12月 6日

摘　要	对方科目		借或贷	金额										√
	总账科目	明细科目		千	百	十	万	千	百	十	元	角	分	
买入债券	债权投资	面值				2	4	0	0	0	0	0	0	□
		利息调整					6	1	6	0	0	0	0	□
														□
														□
														□
合　计					¥	3	0	1	6	0	0	0	0	□

附单据2张

财会主管：　　　记账：　　　出纳：　　　复核：　　　制单：

21. 12 月 6 日，从华钢工贸股份有限公司购买焦炭 500 吨，单价为 2 500. 00 元，由本公司车队负责运输，共发生运输费用 6 800. 00 元。焦炭已验收入库，货款尚未支付，运输途中发生自然损耗 0. 5 吨。

增值税专用发票
公司车队出车单

付 款 凭 证

银付 字第 12 号

贷方科目：银行存款　　　　202×年 12 月 6 日

摘要	对方科目		借或贷	金额										√
	总账科目	明细科目		千	百	十	万	千	百	十	元	角	分	
购入焦炭	销售费用	车队						6	8	0	0	0	0	□
														□
														□
														□
														□
合　计							¥	6	8	0	0	0	0	□

附单据2张

财会主管：　　记账：　　出纳：　　复核：　　制单：

转 账 凭 证

转 字第 13 号

202×年 12 月 6 日

摘要	总账科目	明细科目	借或贷	借方金额											贷方金额											√
				亿	千	百	十	万	千	百	十	元	角	分	亿	千	百	十	万	千	百	十	元	角	分	
购入焦炭	材料采购	焦炭				1	2	5	0	0	0	0	0	0												□
	应交税费	应交增值税（进项税额）					1	6	2	5	0	0	0	0												□
购入焦炭	应付账款	华钢工贸股份有限公司															1	4	1	2	5	0	0	0	0	□
																										□
																										□
合　计					¥	1	4	1	2	5	0	0	0	0		¥	1	4	1	2	5	0	0	0	0	□

附单据1张

财会主管：　　记账：　　复核：　　制单：

转　账　凭　证

转字第 14 号

202×年 12 月 6 日

摘　要	总账科目	明细科目	借或贷	借方金额											贷方金额											√
				亿	千	百	十	万	千	百	十	元	角	分	亿	千	百	十	万	千	百	十	元	角	分	
材料入库	原材料	焦炭				1	2	5	9	7	3	9	0	0												□
材料入库	材料成本差异	原材料																		9	7	3	9	0	0	□
	材料采购	焦炭															1	2	5	0	0	0	0	0	0	□
																										□
																										□
合　计					¥	1	2	5	9	7	3	9	0	0		¥	1	2	5	9	7	3	9	0	0	□

附单据 1 张

财会主管：　　记账：　　复核：　　制单：

22. 12 月 7 日，从鞍山矿购入铁矿石 2 500 吨，成本为 810.00 元/吨，铁路运输费用12 090.00元，保险费 1 200.00 元，已于上月预付货款 2 500 000.00 元。材料已到达企业并验收入库，发现短缺 3 吨，经查明是运输途中某原因造成的，应按货物价款的 50% 取得保险赔款。

增值税专用发票（3 张）
收料单

转　账　凭　证

转字第 15-1/3 号

202×年 12 月 7 日

摘　要	总账科目	明细科目	借或贷	借方金额											贷方金额											√
				亿	千	百	十	万	千	百	十	元	角	分	亿	千	百	十	万	千	百	十	元	角	分	
购入材料	材料采购	铁矿石				2	0	3	8	2	9	0	0	0												□
	应交税费	应交增值税（进项税额）					2	6	4	4	1	0	1	0												□
购入材料	预付账款	鞍山矿															2	3	0	2	7	0	0	1	0	□
																										□
																										□
合　计					¥	2	3	0	2	7	0	0	1	0		¥	2	3	0	2	7	0	0	1	0	□

附单据 1 张

财会主管：　　记账：　　复核：　　制单：

转　账　凭　证

转 字第 15-2/3 号

202×年 12 月 7 日

摘　要	总账科目	明细科目	借或贷	借方金额（亿千百十万千百十元角分）	贷方金额（亿千百十万千百十元角分）	√
材料入库	原材料	铁矿石		199760000		□
	材料成本差异	原材料		3824405		□
材料入库	材料采购	铁矿石			203584405	□
						□
						□
						□
合　计				¥203584405	¥203584405	□

附单据 1 张

财会主管：　　记账：　　复核：　　制单：

转　账　凭　证

转 字第 15-3/3 号

202×年 12 月 7 日

摘　要	总账科目	明细科目	借或贷	借方金额（亿千百十万千百十元角分）	贷方金额（亿千百十万千百十元角分）	√
材料发生损耗	其他应收款	保险赔偿		121500		□
	管理费用	非常损失		154824		□
材料发生损耗	材料采购	铁矿石			244595	□
	应交税费	应交增值税（进项税额转出）			31729	□
						□
合　计				¥276324	¥276324	□

附单据 1 张

财会主管：　　记账：　　复核：　　制单：

商业承兑汇票

23. 12 月 8 日，签发一张商业承兑汇票，期限 1 个月，偿还前欠华钢工贸股份有限公司购买焦炭的货款。

转账凭证

转字第 16 号

202×年 12 月 8 日

摘要	总账科目	明细科目	借或贷	借方金额											贷方金额											√
				亿	千	百	十	万	千	百	十	元	角	分	亿	千	百	十	万	千	百	十	元	角	分	
签商业汇票抵货款	应付账款	华钢工贸股份有限公司				1	4	1	2	5	0	0	0	0												□
签商业汇票抵货款	应付票据	商业承兑汇票															1	4	1	2	5	0	0	0	0	□
																										□
																										□
																										□
																										□
合计					¥	1	4	1	2	5	0	0	0	0		¥	1	4	1	2	5	0	0	0	0	□

附单据 1 张

财会主管： 记账： 复核： 制单：

24. 12 月 8 日，付车辆管理所年检费 20 000. 00 元。计入管理费用 5 100. 00 元，计入销售费用 14 900. 00 元。

政府非税收入专用发票

付款凭证

银付字第 13 号

贷方科目：银行存款

202×年 12 月 8 日

摘要	对方科目		借或贷	金额										√
	总账科目	明细科目		千	百	十	万	千	百	十	元	角	分	
付车辆年检费	管理费用							5	1	0	0	0	0	□
	销售费用	车队					1	4	9	0	0	0	0	□
														□
														□
														□
合计						¥	2	0	0	0	0	0	0	□

附单据 2 张

财会主管： 记账： 出纳： 复核： 制单：

（自制原始凭证：转账支票存根）

25. 12 月 8 日，提现金 6 000. 00 元，备用。

付 款 凭 证

银付 字第 14 号

贷方科目：银行存款　　　　202×年 12 月 8 日

摘 要	对方科目		借或贷	金额										√
	总账科目	明细科目		千	百	十	万	千	百	十	元	角	分	
提取备用金	库存现金							6	0	0	0	0	0	□
														□
														□
														□
														□
合 计							¥	6	0	0	0	0	0	□

附单据 1 张

财会主管：　　记账：　　出纳：　　复核：　　制单：

（自制原始凭证：现金支票存根）

委托收款结算凭证

26. 12 月 8 日，收到沈阳漫源物资经销公司的货款 863 800. 00 元，存入银行。

收 款 凭 证

银收 字第 5 号

借方科目：银行存款　　　　202×年 12 月 8 日

摘 要	对方科目		借或贷	金额										√
	总账科目	明细科目		千	百	十	万	千	百	十	元	角	分	
收回货款	应收账款	沈阳漫源物资经销公司				8	6	3	8	0	0	0	0	□
														□
														□
														□
														□
合 计					¥	8	6	3	8	0	0	0	0	□

附单据 1 张

财会主管：　　记账：　　出纳：　　复核：　　制单：

增值税专用发票(2 张)
银行托收凭证
产品出库单

27. 12 月 9 日，公司采用分期收款方式，销售给大成建设公司 ϕ12mm 螺纹钢 100 吨，单价为 3 500. 00 元，库存产品成本 3 100. 00 元/吨，按合同规定第一次收款 60%（发票按 60% 开据），余款分两次收回。代垫运费 14 000. 00 元。

付 款 凭 证

银付 字第 15 号

贷方科目：银行存款　　202×年 12 月 9 日

摘要	对方科目		借或贷	金额										√
	总账科目	明细科目		千	百	十	万	千	百	十	元	角	分	
代垫分期收款销售运费	应收账款	大成建设公司					1	4	0	0	0	0	0	□
														□
														□
														□
合计						¥	1	4	0	0	0	0	0	□

附单据 1 张

财会主管：　　记账：　　出纳：　　复核：　　制单：

转 账 凭 证

转 字第 17-1/2 号

202×年 12 月 9 日

摘要	总账科目	明细科目	借或贷	借方金额											贷方金额											√
				亿	千	百	十	万	千	百	十	元	角	分	亿	千	百	十	万	千	百	十	元	角	分	
分期收款销售商品	发出商品						3	1	0	0	0	0	0	0												□
分期收款销售商品	库存商品	螺纹钢																3	1	0	0	0	0	0	0	□
																										□
																										□
																										□
合计						¥	3	1	0	0	0	0	0	0			¥	3	1	0	0	0	0	0	0	□

附单据 2 张

财会主管：　　记账：　　复核：　　制单：

转 账 凭 证

转 字第 17-2/2 号

202×年 12 月 9 日

摘要	总账科目	明细科目	借或贷	借方金额											贷方金额											√
				亿	千	百	十	万	千	百	十	元	角	分	亿	千	百	十	万	千	百	十	元	角	分	
分期收款销售商品	应收账款	大成建设公司					2	3	7	3	0	0	0	0												□
分期收款销售商品	主营业务收入																	2	1	0	0	0	0	0	0	□
	应交税费	应交增值税（销项税额）																	2	7	3	0	0	0	0	□
																										□
																										□
合计						¥	2	3	7	3	0	0	0	0			¥	2	3	7	3	0	0	0	0	□

附单据 2 张

财会主管：　　记账：　　复核：　　制单：

28. 12 月 9 日，发工资。

工资结算汇总表

付款凭证

银付 字第 16 号

贷方科目：银行存款　　　　202×年 12 月 9 日

摘要	对方科目		借或贷	金额										√
	总账科目	明细科目		千	百	十	万	千	百	十	元	角	分	
发工资	应付职工薪酬					6	8	1	2	8	9	0	0	□
														□
														□
														□
														□
合　计					¥	6	8	1	2	8	9	0	0	□

附单据 1 张

财会主管：　　记账：　　出纳：　　复核：　　制单：

转账凭证

转 字第 18 号

202×年 12 月 9 日

摘要	总账科目	明细科目	借或贷	借方金额											贷方金额											√
				亿	千	百	十	万	千	百	十	元	角	分	亿	千	百	十	万	千	百	十	元	角	分	
发工资	应付职工薪酬						1	5	7	4	0	0	0	0												□
发工资	其他应付款	代扣医疗保险金																	4	6	8	0	0	0	0	□
		代扣住房公积金																	5	7	4	0	0	0	0	□
	应交税费	应交个人所得税																	5	3	2	0	0	0	0	□
																										□
合　计						¥	1	5	7	4	0	0	0	0			¥	1	5	7	4	0	0	0	0	□

附单据 1 张

财会主管：　　记账：　　复核：　　制单：

（自制原始凭证：转账支票存根）

29. 12 月 9 日，销售给华钢工贸股份有限公司 ϕ25mm 螺纹钢 200 吨，单价为 3 600.00 元，货已出库，款暂未收。

销售合同
增值税专用发票
产品出库单

转 账 凭 证

转 字第 19 号

202×年 12 月 9 日

摘 要	总账科目	明细科目	借或贷	借方金额（亿千百十万千百十元角分）	贷方金额（亿千百十万千百十元角分）	√
销售商品	应收账款	华钢工贸股份有限公司		81360000		□
销售商品	主营业务收入				72000000	□
	应交税费	应交增值税（销项税额）			9360000	□
						□
						□
合 计				¥81360000	¥81360000	□

附单据 3 张

财会主管： 记账： 复核： 制单：

30. 12 月 9 日，上缴上月增值税、城建税。（税收缴款单，与期初余额相关）

税收完税证明（2 张）
银行付款凭证

付 款 凭 证

银付 字第 17 号

贷方科目：银行存款 202×年 12 月 9 日

摘 要	对方科目：总账科目	对方科目：明细科目	借或贷	金额（千百十万千百十元角分）	√
上缴上月增值税、城建税	应交税费	应交增值税		25000000	□
		应交城建税		1750000	□
		教育费附加		750000	□
					□
					□
合 计				¥27500000	□

附单据 1 张

财会主管： 记账： 出纳： 复核： 制单：

31. 12 月 9 日，公司按合同委托抚顺钢铁公司加工一批花纹板，发出 120#钢坯 20 吨，成本为 2 680.00 元/吨，支付往返运杂费 2 946.27 元，加工费用 14 464.00 元。

增值税专用发票（2 张）
委托加工合同

付款凭证

银付 字第 18 号

贷方科目：银行存款　　　202×年 12 月 9 日

摘要	对方科目		借或贷	金额										√
	总账科目	明细科目		千	百	十	万	千	百	十	元	角	分	
支付委托加工物资加工费等	委托加工物资	花纹板					1	5	5	0	3	0	0	□
	应交税费	应交增值税（进项税额）						1	9	0	7	2	7	□
														□
														□
														□
合计						¥	1	7	4	1	0	2	7	□

附单据 3 张

财会主管：　　记账：　　出纳：　　复核：　　制单：

转账凭证

转 字第 20 号

摘要	总账科目	明细科目	借或贷	借方金额											贷方金额											√
				亿	千	百	十	万	千	百	十	元	角	分	亿	千	百	十	万	千	百	十	元	角	分	
支付委托加工物资	委托加工物资	花纹板						5	3	6	0	0	0	0												□
支付委托加工物资	自制半成品	钢坯																	5	3	6	0	0	0	0	□
																										□
																										□
																										□
																										□
合计							¥	5	3	6	0	0	0	0				¥	5	3	6	0	0	0	0	□

附单据 3 张

财会主管：　　记账：　　复核：　　制单：

（自制原始凭证：转账支票存根 2 张、发料单）

32. 12 月 10 日，提取并发放职工福利补助款 150 000. 00 元。

职工福利补助明细表
现金支票存根

付款凭证

银付 字第 19 号

贷方科目：银行存款　　　　202×年 12 月 10 日

摘　要	对方科目		借或贷	金额										√
	总账科目	明细科目		千	百	十	万	千	百	十	元	角	分	
提取并发放职工困难补助款	库存现金					1	5	0	0	0	0	0	0	□
														□
														□
														□
														□
合　计					¥	1	5	0	0	0	0	0	0	□

附单据 1 张

财会主管：　　记账：　　出纳：　　复核：　　制单：

付款凭证

现付 字第 2 号

贷方科目：库存现金　　　　202×年 12 月 10 日

摘　要	对方科目		借或贷	金额										√
	总账科目	明细科目		千	百	十	万	千	百	十	元	角	分	
提取并发放职工困难补助款	应付职工薪酬					1	5	0	0	0	0	0	0	□
														□
														□
														□
														□
合　计					¥	1	5	0	0	0	0	0	0	□

附单据 1 张

财会主管：　　记账：　　出纳：　　复核：　　制单：

---

33. 12 月 10 日，由于生产需要购入大同矿石灰石 1 000 吨，单价为 101. 40 元，运输费用 18 600. 00 元，由对方垫付，款暂欠，材料已运达企业并验收入库。

增值税专用发票（2 张）
收料单

转 账 凭 证

转 字第 21-1/2 号

202×年 12月 10日

摘要	总账科目	明细科目	借或贷	借方金额（亿千百十万千百十元角分）	贷方金额（亿千百十万千百十元角分）	√
采购原材料	材料采购	石灰石		12000000		☐
	应交税费	应交增值税（进项税额）		1485600		☐
采购原材料	应付账款	山西大同矿			13485600	☐
						☐
						☐
						☐
合 计				¥13485600	¥13485600	☐

附单据 2 张

财会主管： 记账： 复核： 制单：

转 账 凭 证

转 字第 21-2/2 号

202×年 12月 10日

摘要	总账科目	明细科目	借或贷	借方金额（亿千百十万千百十元角分）	贷方金额（亿千百十万千百十元角分）	√
采购原材料	原材料	石灰石		12500000		☐
采购原材料	材料采购	石灰石			12000000	☐
	材料成本差异	原材料			500000	☐
						☐
						☐
合 计				¥12500000	¥12500000	☐

附单据 1 张

财会主管： 记账： 复核： 制单：

34. 12月10日，向贫困地区小学捐赠价值68 000.00元的电脑及办公用品。

捐赠说明

转　账　凭　证

转 字第 22 号

202×年 12 月 10 日

摘　要	总账科目	明细科目	借或贷	借方金额											贷方金额											√
				亿	千	百	十	万	千	百	十	元	角	分	亿	千	百	十	万	千	百	十	元	角	分	
向贫困地区小学捐赠	营业外支出	捐赠支出						6	8	0	0	0	0	0												□
向贫困地区小学捐赠	管理费用																		6	8	0	0	0	0	0	□
																										□
																										□
																										□
合　计							¥	6	8	0	0	0	0	0				¥	6	8	0	0	0	0	0	□

附单据 1 张

财会主管：　　　记账：　　　复核：　　　制单：

35. 12 月 10 日，向鞍山钢铁厂出售自制半成品 95#钢坯 200 吨，单价为3 000. 00 元。

进账单
增值税专用发票
产品出库单

收　款　凭　证

银收 字第 6 号

借方科目：银行存款　　　　202×年 12 月 10 日

摘　要	对方科目		借或贷	金额										√
	总账科目	明细科目		千	百	十	万	千	百	十	元	角	分	
向鞍山钢铁厂出售自制半成品	主营业务收入	销售半成品				6	0	0	0	0	0	0	0	□
	应交税费	应交增值税（销项税额）					7	8	0	0	0	0	0	□
														□
														□
														□
合　计					¥	6	7	8	0	0	0	0	0	□

附单据 3 张

财会主管：　　　记账：　　　出纳：　　　复核：　　　制单：

36. 12 月 11 日，接到税务部门的通知，支付税收滞纳金2 000. 00元。

税务机关罚款通知单

付　款　凭　证

银付 字第 20 号

贷方科目：银行存款　　　　202×年 12 月 11 日

摘　要	对方科目		借或贷	金额										√
	总账科目	明细科目		千	百	十	万	千	百	十	元	角	分	
支付税收滞纳金	营业外支出	罚款支出						2	0	0	0	0	0	□
														□
														□
														□
														□
合　计							¥	2	0	0	0	0	0	□

附单据1张

财会主管：　　记账：　　出纳：　　复核：　　制单：

37. 12 月 11 日，机修车间一台设备报废，账面原始价值 16 000.00 元，已提折旧15 000.00元，清理过程中变价收入 2 000.00 元，收到一张支票。

固定资产报废单
增值税专用发票
进账单

转　账　凭　证

转 字第 23-1/2 号

202×年 12 月 11 日

摘　要	总账科目	明细科目	借或贷	借方金额											贷方金额											√
				亿	千	百	十	万	千	百	十	元	角	分	亿	千	百	十	万	千	百	十	元	角	分	
设备报废清理	固定资产清理								1	0	0	0	0	0												□
	累计折旧							1	5	0	0	0	0	0												□
设备报废清理	固定资产	生产用																	1	6	0	0	0	0	0	□
																										□
																										□
合　计							¥	1	6	0	0	0	0	0				¥	1	6	0	0	0	0	0	□

附单据2张

财会主管：　　记账：　　复核：　　制单：

转　账　凭　证

转 字第 23-2/2 号

202×年 12 月 11 日

摘　要	总账科目	明细科目	借或贷	借方金额											贷方金额											√
				亿	千	百	十	万	千	百	十	元	角	分	亿	千	百	十	万	千	百	十	元	角	分	
设备报废清理	固定资产清理									7	6	9	9	1												☐
设备报废清理	营业外收入	清理固定资产收入																			7	6	9	9	1	☐
																										☐
																										☐
																										☐
合　计									¥	7	6	9	9	1						¥	7	6	9	9	1	☐

附单据 2 张

财会主管：　　记账：　　复核：　　制单：

收　款　凭　证

银收 字第 7 号

借方科目：银行存款　　202×年 12 月 11 日

摘　要	对方科目		借或贷	金额										√
	总账科目	明细科目		千	百	十	万	千	百	十	元	角	分	
设备报废清理	固定资产清理							1	7	6	9	9	1	☐
	应交税费	应交增值税（销项税额）							2	3	0	0	9	☐
														☐
														☐
														☐
合　计							¥	2	0	0	0	0	0	☐

附单据 2 张

财会主管：　　记账：　　出纳：　　复核：　　制单：

38. 12 月 12 日，从本市石化公司购入重油 200 吨，单价为1 470.00 元，签发一张商业承兑汇票，付款期限 40 天，材料已到达企业并验收入库，支付市内运杂费 3 000.00 元（计入销售费用）。

公司车队出车单
商业承兑汇票
增值税专用发票
收料单

转 账 凭 证

转 字第 24-1/2 号

202×年 12 月 12 日

摘要	总账科目	明细科目	借或贷	借方金额											贷方金额											√
				亿	千	百	十	万	千	百	十	元	角	分	亿	千	百	十	万	千	百	十	元	角	分	
购入重油	材料采购	重油					2	9	4	0	0	0	0	0												□
	应交税费	应交增值税（进项税额）						3	8	2	2	0	0	0												□
	销售费用								3	0	0	0	0	0												□
购入重油	应付票据	石化公司																3	3	5	2	2	0	0	0	□
																										□
合计						¥	3	3	5	2	2	0	0	0			¥	3	3	5	2	2	0	0	0	□

附单据3张

财会主管： 记账： 复核： 制单：

转 账 凭 证

转 字第 24-2/2 号

202×年 12 月 12 日

摘要	总账科目	明细科目	借或贷	借方金额											贷方金额											√
				亿	千	百	十	万	千	百	十	元	角	分	亿	千	百	十	万	千	百	十	元	角	分	
购入重油	原材料	重油					2	9	0	0	0	0	0	0												□
	材料成本差异	原材料							4	0	0	0	0	0												□
购入重油	材料采购	重油																2	9	4	0	0	0	0	0	□
																										□
																										□
合计						¥	2	9	4	0	0	0	0	0			¥	2	9	4	0	0	0	0	0	□

附单据1张

财会主管： 记账： 复核： 制单：

（自制原始凭证：转账支票存根）

39. 12 月 12 日，由于山西合田钢厂生产急需，公司将库存废钢 500 吨进行调剂销售，单价为 2 200. 00 元，由对方自行提货，款已收到。

进账单
增值税专用发票
产品出库单

收　款　凭　证

银收 字第　8　号

借方科目：银行存款　　　　202×年 12月 12日

摘　要	对方科目		借或贷	金额										√
	总账科目	明细科目		千	百	十	万	千	百	十	元	角	分	
废钢调剂销售	其他业务收入	销售材料			1	1	0	0	0	0	0	0	0	□
	应交税费	应交增值税（销项税额）				1	4	3	0	0	0	0	0	□
														□
														□
														□
合　计					1	2	4	3	0	0	0	0	0	□

附单据2张

财会主管：　　记账：　　出纳：　　复核：　　制单：

转　账　凭　证

转 字第　25　号

202×年 12月 12日

摘　要	总账科目	明细科目	借或贷	借方金额											贷方金额											√
				亿	千	百	十	万	千	百	十	元	角	分	亿	千	百	十	万	千	百	十	元	角	分	
废钢调剂销售	其他业务成本	材料成本					9	5	0	0	0	0	0	0												□
废钢调剂销售	原材料	废钢																9	5	0	0	0	0	0	0	□
																										□
																										□
																										□
																										□
合　计						¥	9	5	0	0	0	0	0	0			¥	9	5	0	0	0	0	0	0	□

附单据1张

财会主管：　　记账：　　复核：　　制单：

40. 12月12日，车间领用劳动保护品 62 858.00 元，采用一次摊销法。

领用劳动保护用品记录

转 账 凭 证

转 字第 26-1/2 号

202×年 12 月 12 日

摘 要	总账科目	明细科目	借或贷	借方金额											贷方金额											√
				亿	千	百	十	万	千	百	十	元	角	分	亿	千	百	十	万	千	百	十	元	角	分	
劳动保护品摊销	制造费用	炼铁车间						1	4	9	0	0	0	0												□
		炼钢车间						1	7	0	4	0	0	0												□
		轧钢车间						2	7	9	1	8	0	0												□
劳动保护品摊销	周转材料	劳动保护品																	5	9	8	5	8	0	0	□
																										□
合 计							¥	5	9	8	5	8	0	0				¥	5	9	8	5	8	0	0	□

附单据 1 张

财会主管： 记账： 复核： 制单：

转 账 凭 证

转 字第 26-2/2 号

202×年 12 月 12 日

摘 要	总账科目	明细科目	借或贷	借方金额											贷方金额											√
				亿	千	百	十	万	千	百	十	元	角	分	亿	千	百	十	万	千	百	十	元	角	分	
劳动保护品摊销	生产成本	机修车间							1	0	0	0	0	0												□
		供电车间							2	0	0	0	0	0												□
劳动保护品摊销	周转材料	劳动保护品																		3	0	0	0	0	0	□
																										□
																										□
合 计								¥	3	0	0	0	0	0					¥	3	0	0	0	0	0	□

附单据 6 张

财会主管： 记账： 复核： 制单：

（自制原始凭证：领料单 5 张）

41. 12 月 13 日，供电车间购电脑软件用于供电系统数据分析，价值 4 500.00 元。

增值税专用发票

付　款　凭　证

银付字第　21　号

贷方科目：银行存款　　　　202×年 12月 13日

摘　要	对方科目		借或贷	金额										√
	总账科目	明细科目		千	百	十	万	千	百	十	元	角	分	
供电车间购电脑软件	生产成本	辅助生产车间(供电)						4	5	0	0	0	0	□
	应交税费	应交增值税（销项税额）							5	8	5	0	0	□
														□
														□
合　计							¥	5	0	8	5	0	0	□

附单据 2 张

财会主管：　　记账：　　出纳：　　复核：　　制单：

（自制原始凭证：转账支票存根）

42. 12 月 13 日，委托华钢工贸股份有限期公司代销 ϕ6. 5mm 高速线材 300 吨，代销价格为 3 970. 00 元/吨，采用收取手续费方式代销。

代销协议
产品出库单

转　账　凭　证

转字第　27　号

202×年 12月 13日

摘　要	总账科目	明细科目	借或贷	借方金额											贷方金额											√
				亿	千	百	十	万	千	百	十	元	角	分	亿	千	百	十	万	千	百	十	元	角	分	
委托代销高速线材	委托代销商品	ϕ6. 5mm 高速线材				1	0	5	0	0	0	0	0	0												□
委托代销高速线材	库存商品	ϕ6. 5mm 高速线材															1	0	5	0	0	0	0	0	0	□
																										□
																										□
																										□
合　计					¥	1	0	5	0	0	0	0	0	0		¥	1	0	5	0	0	0	0	0	0	□

附单据 2 张

财会主管：　　记账：　　复核：　　制单：

贴现凭证

43. 12 月 13 日，公司持有一张应收红光建筑公司的 60 天到期（11 月 1 日签发）的无息票据，票面价值 89 000.00 元，银行月贴现利率 6.20%。由于需要资金购买原材料，向银行申请贴现。

收 款 凭 证

银收 字第 9 号

借方科目：银行存款　　202×年 12 月 13 日

摘　要	对方科目		借或贷	金额										√
	总账科目	明细科目		千	百	十	万	千	百	十	元	角	分	
票据贴现	应收票据						8	5	8	7	3	1	3	□
														□
														□
														□
														□
合　计						¥	8	5	8	7	3	1	3	□

附单据 1 张

财会主管：　　记账：　　出纳：　　复核：　　制单：

转 账 凭 证

转 字第 28 号

202×年 12 月 13 日

摘　要	总账科目	明细科目	借或贷	借方金额											贷方金额											√
				亿	千	百	十	万	千	百	十	元	角	分	亿	千	百	十	万	千	百	十	元	角	分	
票据贴现	财务费用								3	1	2	6	8	7												□
票据贴现	应收票据																			3	1	2	6	8	7	□
																										□
																										□
																										□
合　计								¥	3	1	2	6	8	7					¥	3	1	2	6	8	7	□

附单据 1 张

财会主管：　　记账：　　复核：　　制单：

44. 12 月 15 日，银行通知收到存款利息 3 500. 00 元。

贷款利息凭证

收　款　凭　证

银收 字第　10　号

借方科目：银行存款　　　　202×年 12 月 15 日

摘　要	对方科目		借或贷	金额										√
	总账科目	明细科目		千	百	十	万	千	百	十	元	角	分	
收到存款利息	财务费用							3	5	0	0	0	0	□
														□
														□
														□
														□
合　计							¥	3	5	0	0	0	0	□

附单据1张

财会主管：　记账：　出纳：　复核：　制单：

45. 12 月 15 日，炼钢车间 2 号锅炉进行改扩建，工期预计 20 天，由锅炉研究所设计，机修车间承担扩建工作（自营工程），采购工程物资 45 630. 00 元，发生其他支出3 600. 00元（前期工程改造设计费）。

增值税专用发票（2 张）

付　款　凭　证

银付 字第　22　号

贷方科目：银行存款　　　　202×年 12 月 15 日

摘　要	对方科目		借或贷	金额										√
	总账科目	明细科目		千	百	十	万	千	百	十	元	角	分	
采购工程物资	工程物资						4	5	6	3	0	0	0	□
	应交税费	应交增值税（进项税额）						5	9	3	1	9	0	□
														□
														□
														□
合　计						¥	5	1	5	6	1	9	0	□

附单据2张

财会主管：　记账：　出纳：　复核：　制单：

付款凭证

银付 字第 23 号

贷方科目：银行存款　　　202×年 12 月 15 日

摘要	对方科目		借或贷	金额										√
	总账科目	明细科目		千	百	十	万	千	百	十	元	角	分	
2 号锅炉进行大修理	在建工程	自营工程						3	6	0	0	0	0	□
	应交税费	应交增值税（进项税额）							2	1	6	0	0	□
														□
														□
														□
合计							¥	3	8	1	6	0	0	□

附单据 2 张

财会主管：　　记账：　　出纳：　　复核：　　制单：

转账凭证

转 字第 29 号

202×年 12 月 15 日

摘要	总账科目	明细科目	借或贷	借方金额											贷方金额											√
				亿	千	百	十	万	千	百	十	元	角	分	亿	千	百	十	万	千	百	十	元	角	分	
2 号锅炉进行大修理	在建工程	自营工程						4	5	6	3	0	0	0												□
	工程物资																		4	5	6	3	0	0	0	□
																										□
																										□
																										□
合计							¥	4	5	6	3	0	0	0				¥	4	5	6	3	0	0	0	□

附单据 1 张

财会主管：　　记账：　　复核：　　制单：

（自制原始凭证：转账支票存根 2 张、收料单）

增值税专用发票

46. 12 月 15 日，公司外购一项与生产相关的专利权，市场价值 26 800. 00元。

付款凭证

银付 字第 24 号

贷方科目：银行存款　　202×年 12 月 15 日

摘　要	对方科目		借或贷	金额										√
	总账科目	明细科目		千	百	十	万	千	百	十	元	角	分	
购买专利权	无形资产	专利权					2	6	8	0	0	0	0	□
	应交税费	应交增值税（进项税额）						1	6	0	8	0	0	□
														□
														□
														□
合　计						¥	2	8	4	0	8	0	0	□

附单据 2 张

财会主管：　　记账：　　出纳：　　复核：　　制单：

（自制原始凭证：转账支票存根）

47. 12 月 15 日，生产领用材料。

领料记录

转账凭证

转字第 30 号

202×年 12 月 15 日

摘　要	总账科目	明细科目	借或贷	借方金额											贷方金额											√
				亿	千	百	十	万	千	百	十	元	角	分	亿	千	百	十	万	千	百	十	元	角	分	
生产领用材料	生产成本	炼铁车间				3	1	1	1	0	0	0	0	0												□
		炼钢车间					3	1	2	0	0	0	0	0												□
		轧钢车间					9	6	0	0	0	0	0	0												□
	原材料																4	3	8	3	0	0	0	0	0	□
																										□
合　计					¥	4	3	8	3	0	0	0	0	0		¥	4	3	8	3	0	0	0	0	0	□

附单据 8 张

财会主管：　　记账：　　复核：　　制单：

（自制原始凭证：领料单 7 张）

现金支出凭单

48. 12 月 20 日，以现金支付上月职工李明未领工资 1 350. 00 元。

付 款 凭 证

现付 字第 3 号

贷方科目：库存现金　　　　202×年 12 月 20 日

摘 要	对方科目		借或贷	金额										√
	总账科目	明细科目		千	百	十	万	千	百	十	元	角	分	
支付未领工资	其他应付款	未领工资	√					1	3	5	0	0	0	□
														□
														□
														□
														□
合 计							¥	1	3	5	0	0	0	□

附单据 1 张

财会主管：　　记账：　　出纳：　　复核：　　制单：

半成品入库单

49. 12 月 20 日，第二车间自制半成品 95#钢坯入库 200 吨。（自制半成品入库单，只作实物记录）

进账单

50. 12 月 20 日，根据销售折扣的规定，华钢工贸股份有限公司在 20 天内支付 12 月 8 日的货款，享受 1% 的现金折扣。（按应收账款的金额计算折扣）

收 款 凭 证

银收 字第 11 号

借方科目：银行存款　　　　202×年 12 月 20 日

摘 要	对方科目		借或贷	金额										√
	总账科目	明细科目		千	百	十	万	千	百	十	元	角	分	
收到销售货款	应收账款	华钢工贸股份有限公司				8	0	5	4	6	4	0	0	□
														□
														□
														□
														□
合 计					¥	8	0	5	4	6	4	0	0	□

附单据 1 张

财会主管：　　记账：　　出纳：　　复核：　　制单：

转　账　凭　证

转 字第 31 号

202×年 12 月 20 日

摘　要	总账科目	明细科目	借或贷	借方金额											贷方金额											√
				亿	千	百	十	万	千	百	十	元	角	分	亿	千	百	十	万	千	百	十	元	角	分	
销售折扣	财务费用								8	1	3	6	0	0												□
销售折扣	应收账款	华钢工贸股份有限公司																		8	1	3	6	0	0	□
																										□
																										□
																										□
合　计								¥	8	1	3	6	0	0					¥	8	1	3	6	0	0	□

附单据 1 张

财会主管：　　记账：　　复核：　　制单：

51. 12 月 20 日，12 月 9 日委托加工材料（花纹板）全部完工，已验收入库。

半成品入库单

转　账　凭　证

转 字第 32 号

202×年 12 月 20 日

摘　要	总账科目	明细科目	借或贷	借方金额											贷方金额											√
				亿	千	百	十	万	千	百	十	元	角	分	亿	千	百	十	万	千	百	十	元	角	分	
收到委托加工材料	库存商品	花纹板						6	9	1	0	3	0	0												□
收到委托加工材料	委托加工物资																		6	9	1	0	3	0	0	□
																										□
																										□
																										□
																										□
合　计							¥	6	9	1	0	3	0	0				¥	6	9	1	0	3	0	0	□

附单据 1 张

财会主管：　　记账：　　复核：　　制单：

债务重组协议

52. 12 月 21 日，企业一笔 2 年前应付长江公司账款 34 500. 00 元，由于纠纷决定进行债务重组。对方同意让步 30%，但要求立即付款，企业接受此条件。

付 款 凭 证

银付 字第 25 号

贷方科目：银行存款　　202×年 12 月 21 日

摘要	对方科目		借或贷	金额										√
	总账科目	明细科目		千	百	十	万	千	百	十	元	角	分	
债务重组	应付账款	长江公司					2	4	1	5	0	0	0	□
														□
														□
														□
														□
合　计						¥	2	4	1	5	0	0	0	□

附单据 1 张

财会主管：　　记账：　　出纳：　　复核：　　制单：

转 账 凭 证

转 字第 33 号

202×年 12 月 21 日

摘要	总账科目	明细科目	借或贷	借方金额											贷方金额											√
				亿	千	百	十	万	千	百	十	元	角	分	亿	千	百	十	万	千	百	十	元	角	分	
债务重组	应付账款	长江公司						1	0	3	5	0	0	0												□
债务重组	营业外收入	债务重组利得																	1	0	3	5	0	0	0	□
																										□
																										□
																										□
合　计							¥	1	0	3	5	0	0	0				¥	1	0	3	5	0	0	0	□

附单据 1 张

财会主管：　　记账：　　复核：　　制单：

商品代销清单
增值税专用发票

53. 12 月 22 日，委托华钢工贸股份有限公司代销 φ6. 5mm 高速线材 300 吨，单价为3 970. 00元，现已收到销货清单，并按货款的 5% 支付手续费。

转　账　凭　证

转 字第 34-1/2 号

202×年 12 月 22 日

摘　要	总账科目	明细科目	借或贷	借方金额											贷方金额											√
				亿	千	百	十	万	千	百	十	元	角	分	亿	千	百	十	万	千	百	十	元	角	分	
委托华钢代销 φ6.5mm 高速线材	应收账款	华钢工贸股份有限公司				1	3	4	5	8	3	0	0	0												□
委托华钢代销 φ6.5mm 高速线材	应交税费	应交增值税（销项税额）																1	5	4	8	3	0	0	0	□
	主营业务收入																1	1	9	1	0	0	0	0	0	□
																										□
																										□
合　计					¥	1	3	4	5	8	3	0	0	0		¥	1	3	4	5	8	3	0	0	0	□

附单据1张

财会主管：　　　　记账：　　　　复核：　　　　制单：

转　账　凭　证

转 字第 34-2/2 号

202×年 12 月 22 日

摘　要	总账科目	明细科目	借或贷	借方金额											贷方金额											√
				亿	千	百	十	万	千	百	十	元	角	分	亿	千	百	十	万	千	百	十	元	角	分	
委托华钢代销 φ6.5mm 高速线材	销售费用							5	9	5	5	0	0	0												□
委托华钢代销 φ6.5mm 高速线材	应收账款	华钢工贸股份有限公司																	5	9	5	5	0	0	0	□
																										□
																										□
																										□
																										□
合　计							¥	5	9	5	5	0	0	0				¥	5	9	5	5	0	0	0	□

附单据1张

财会主管：　　　　记账：　　　　复核：　　　　制单：

54. 12月24日，向庆阳五金建材公司销售普通线材400吨，单价为4 510.00元，收到一张银行承兑汇票（运费50 000.00元）。

银行承兑汇票
增值税专用发票（2张）
产品出库单
转账支票存根

付款凭证

银付字第 26 号

贷方科目：银行存款　　202×年12月24日

摘要	总账科目	明细科目	借或贷	千	百	十	万	千	百	十	元	角	分	√
垫支运费	应收票据						5	0	0	0	0	0	0	□
														□
														□
														□
														□
合计						¥	5	0	0	0	0	0	0	□

附单据1张

财会主管：　　记账：　　出纳：　　复核：　　制单：

转账凭证

转字第 35 号

202×年12月24日

摘要	总账科目	明细科目	借或贷	借方 亿	千	百	十	万	千	百	十	元	角	分	贷方 亿	千	百	十	万	千	百	十	元	角	分	√
销售普通线材	应收票据	庆阳五金建材公司				2	0	3	8	5	2	0	0	0												□
销售普通线材	主营业务收入																1	8	0	4	0	0	0	0	0	□
	应交税费	应交增值税（销项税额）																2	3	4	5	2	0	0	0	□
																										□
																										□
合计					¥	2	0	3	8	5	2	0	0	0		¥	2	0	3	8	5	2	0	0	0	□

附单据4张

财会主管：　　记账：　　复核：　　制单：

55. 12 月 25 日，本公司为下属独立核算的长海建筑设备公司提供贷款担保，担保金额为 200 万元，期限一年，年利率 5%，根据合同规定，长海建筑设备公司到期无法偿付该笔贷款时，本公司对该笔贷款本金及利息承担还款责任。（担保协议未在会计报表中披露）

担保协议

---

56. 12 月 25 日，由于 10 月 25 日本公司与大众安装公司签订安装 C 设备一台的合同，由工程队承担。合同总造价为 200 万元，预计安装期为 3 个月，已履约预收款 120 万元，其余款项在交付使用时一次付清。该设备的成本为 150 万元。每月按工程进度（完工百分比）确认收入，本月实际成本为 50 万元，现已完工并交付使用。

销售安装合同
进账单

本月合同完工进度＝50÷150×100%＝33%

本月确认合同收入＝200×33%＝66（万元）

本月确认合同毛利＝（200－150）×33%＝16.5（万元）

本月确认合同成本＝66－16.5＝49.5（万元）

转　账　凭　证

转 字第　36　号

202×年 12 月 25 日

摘　要	总账科目	明细科目	借或贷	借方金额											贷方金额											√
				亿	千	百	十	万	千	百	十	元	角	分	亿	千	百	十	万	千	百	十	元	角	分	
销售安装 C 设备	其他业务成本						4	9	5	0	0	0	0	0												□
安装 C 设备	合同履约成本																	4	9	5	0	0	0	0	0	□
																										□
																										□
																										□
合　计						¥	4	9	5	0	0	0	0	0			¥	4	9	5	0	0	0	0	0	□

附单据 1 张

财会主管：　　记账：　　复核：　　制单：

收　款　凭　证

银收 字第　12　号

借方科目：银行存款　　202×年 12 月 25 日

摘　要	对方科目		借或贷	金额										√
	总账科目	明细科目		千	百	十	万	千	百	十	元	角	分	
收到工程款	其他业务收入	工程				6	6	0	0	0	0	0	0	□
														□
														□
														□
														□
合　计					¥	6	6	0	0	0	0	0	0	□

附单据 1 张

财会主管：　　记账：　　出纳：　　复核：　　制单：

贷款利息凭证

57. 12 月 26 日，收到银行支付银行借款利息的通知，本季度的利息 46 800. 00 元，已预提 31 200. 00 元。

付 款 凭 证

银付 字第 27 号

贷方科目：银行存款　　202×年 12 月 26 日

摘要	对方科目		借或贷	金额										√
	总账科目	明细科目		千	百	十	万	千	百	十	元	角	分	
支付银行借款利息	应付利息	利息费用					3	1	2	0	0	0	0	□
	财务费用						1	5	6	0	0	0	0	□
														□
														□
														□
合 计						¥	4	6	8	0	0	0	0	□

附单据 1 张

财会主管：　　记账：　　出纳：　　复核：　　制单：

增值税专用发票
银行托收凭证

58. 12 月 27 日，接到供电局电费通知单，本月共用电 185 600 度，单价 0. 70 元，共计 129 920. 00 元。

付 款 凭 证

银付 字第 28 号

贷方科目：银行存款　　202×年 12 月 27 日

摘要	对方科目		借或贷	金额										√
	总账科目	明细科目		千	百	十	万	千	百	十	元	角	分	
支付电费	生产成本	供电车间				1	2	9	9	2	0	0	0	□
	应交税费	应交增值税（进项税额）					1	6	8	8	9	6	0	□
														□
														□
														□
合 计					¥	1	4	6	8	0	9	6	0	□

附单据 2 张

财会主管：　　记账：　　出纳：　　复核：　　制单：

59. 12 月 27 日，公司采购员王佳出差预借差旅费 5 000. 00 元。

现金支出凭单
借据

付　款　凭　证

现付 现字第　4　号

贷方科目：库存现金　　　　202×年 12 月 27 日

摘　要	对方科目		借或贷	金额										√
	总账科目	明细科目		千	百	十	万	千	百	十	元	角	分	
预借差旅费	其他应收款	备用金（王佳）						5	0	0	0	0	0	☐
														☐
														☐
														☐
														☐
合　计							¥	5	0	0	0	0	0	☐

附单据 2 张

财会主管：　　记账：　　出纳：　　复核：　　制单：

---

60. 12 月 28 日，收到自来水公司的水费通知，本月共用水 105 000 吨，单价 4. 00 元，共计 420 000. 00 元。

耗用水费分配表
增值税专用发票
银行托收凭证

付　款　凭　证

银付 字第　29-1/2　号

贷方科目：银行存款　　　　202×年 12 月 28 日

摘　要	对方科目		借或贷	金额										√
	总账科目	明细科目		千	百	十	万	千	百	十	元	角	分	
支付本月水费	制造费用	炼铁车间					9	6	0	0	0	0	0	☐
		炼钢车间				1	4	8	0	0	0	0	0	☐
		轧钢车间				1	4	0	0	0	0	0	0	☐
	生产成本	机修车间						8	5	6	0	0	0	☐
		供电车间						5	2	0	0	0	0	☐
合　计					¥	3	9	7	7	6	0	0	0	☐

附单据 2 张

财会主管：　　记账：　　出纳：　　复核：　　制单：

付 款 凭 证

银付 字第 29-2/2 号

贷方科目：银行存款　　　　202×年 12 月 28 日

摘　要	对方科目		借或贷	金额										√
	总账科目	明细科目		千	百	十	万	千	百	十	元	角	分	
支付本月水费	管理费用						1	0	4	0	0	0	0	□
	应付职工薪酬							7	8	4	0	0	0	□
	在建工程							4	0	0	0	0	0	□
	应交税费	应交增值税（进项税额）					3	7	8	0	0	0	0	□
														□
合　计					¥	4	5	7	8	0	0	0	0	□

附单据 2 张

财会主管：　　记账：　　出纳：　　复核：　　制单：

61. 12 月 28 日，收到出租房屋的租金收入 13 952. 00 元。

进账单
固定资产租赁合同
增值税专用发票

收 款 凭 证

银收 字第 13 号

借方科目：银行存款　　　　202×年 12 月 28 日

摘　要	对方科目		借或贷	金额										√
	总账科目	明细科目		千	百	十	万	千	百	十	元	角	分	
收到房租收入	其他业务收入	租金收入					1	2	8	0	0	0	0	□
	应交税费	应交增值税（销项税额）						1	1	5	2	0	0	□
														□
														□
														□
合　计						¥	1	3	9	5	2	0	0	□

附单据 2 张

财会主管：　　记账：　　出纳：　　复核：　　制单：

62. 12 月 30 日，公司于 202×-1 年 10 月与供应商太河公司就一笔应付货款发生纠纷，此案正在诉讼中，预计可能赔偿 260 000. 00 元。（预计负债计算）

财务部说明

转 账 凭 证

转 字第 37 号

202×年 12 月 30 日

摘要	总账科目	明细科目	借或贷	借方金额											贷方金额											√
				亿	千	百	十	万	千	百	十	元	角	分	亿	千	百	十	万	千	百	十	元	角	分	
预计赔款损失	营业外支出	赔偿损失					2	6	0	0	0	0	0	0												□
预计赔款损失	预计负债	赔偿损失																2	6	0	0	0	0	0	0	□
																										□
																										□
																										□
合　计						¥	2	6	0	0	0	0	0	0			¥	2	6	0	0	0	0	0	0	□

附单据1张

财会主管：　　记账：　　复核：　　制单：

63. 12 月 31 日，税务机关审查上年度账面记录发现：公司管理部门人员薪酬中计提的职工福利费 316 200.00 元误记为 361 200.00 元；公司管理部门用固定资产少提折旧25 123.40元；将非公益性捐赠支出 520 000.00 元误记为公益性捐赠支出并已在税前扣除，现予以调整。

税务稽查报告

转 账 凭 证

转 字第 38-1/4 号

202×年 12 月 31 日

摘要	总账科目	明细科目	借或贷	借方金额											贷方金额											√
				亿	千	百	十	万	千	百	十	元	角	分	亿	千	百	十	万	千	百	十	元	角	分	
多记职工福利费	应付职工薪酬							4	5	0	0	0	0	0												□
多记职工福利费	以前年度损益调整	应付职工薪酬																	4	5	0	0	0	0	0	□
																										□
																										□
																										□
合　计							¥	4	5	0	0	0	0	0				¥	4	5	0	0	0	0	0	□

附单据1张

财会主管：　　记账：　　复核：　　制单：

转账凭证

转 字第 38-2/4 号

202×年 12 月 31 日

摘要	总账科目	明细科目	借或贷	借方金额											贷方金额											√
				亿	千	百	十	万	千	百	十	元	角	分	亿	千	百	十	万	千	百	十	元	角	分	
管理用固定资产少提折旧	以前年度损益调整	折旧						2	5	1	2	3	4	0												☐
管理用固定资产少提折旧	累计折旧																		2	5	1	2	3	4	0	☐
																										☐
																										☐
																										☐
合计							¥	2	5	1	2	3	4	0				¥	2	5	1	2	3	4	0	☐

附单据1张

财会主管：　　记账：　　复核：　　制单：

转账凭证

转 字第 38-3/4 号

202×年 12 月 31 日

摘要	总账科目	明细科目	借或贷	借方金额											贷方金额											√
				亿	千	百	十	万	千	百	十	元	角	分	亿	千	百	十	万	千	百	十	元	角	分	
误记非公益性捐赠等调整所得税	以前年度损益调整	应交所得税					1	3	4	9	6	9	1	5												☐
误记非公益性捐赠等调整所得税	应交税费	应交所得税																1	3	4	9	6	9	1	5	☐
																										☐
																										☐
																										☐
合计						¥	1	3	4	9	6	9	1	5			¥	1	3	4	9	6	9	1	5	☐

附单据1张

财会主管：　　记账：　　复核：　　制单：

转账凭证

转 字第 38-4/4 号

202×年 12 月 31 日

摘要	总账科目	明细科目	借或贷	借方金额											贷方金额											√
				亿	千	百	十	万	千	百	十	元	角	分	亿	千	百	十	万	千	百	十	元	角	分	
账面误记调整	利润分配							8	6	3	1	9	4	1												☐
账面误记调整	盈余公积							2	8	7	7	3	1	4												☐
账面误记调整	以前年度损益调整																	1	1	5	0	9	2	5	5	☐
																										☐
																										☐
合计						¥	1	1	5	0	9	2	5	5			¥	1	1	5	0	9	2	5	5	☐

附单据1张

财会主管：　　记账：　　复核：　　制单：

64. 12 月 31 日，计算债权投资利息及摊销折价额。（摊销计算表，与期初余额相关）

长期债券利息及摊销表

转 账 凭 证

转 字第 39 号

202×年 12 月 31 日

摘要	总账科目	明细科目	借或贷	借方金额											贷方金额											√
				亿	千	百	十	万	千	百	十	元	角	分	亿	千	百	十	万	千	百	十	元	角	分	
债权投资利息及摊销折价额	应收利息							5	0	0	0	0	0	0												□
债权投资利息及摊销折价额	债权投资	利息调整																	1	0	0	0	0	0	0	□
	投资收益																		4	0	0	0	0	0	0	□
																										□
																										□
合　计							¥	5	0	0	0	0	0	0				¥	5	0	0	0	0	0	0	□

附单据 1 张

财会主管：　　　记账：　　　复核：　　　制单：

65. 12 月 31 日，结转材料成本差异。

材料成本差异计算表

转 账 凭 证

转 字第 40-1/3 号

202×年 12 月 31 日

摘要	总账科目	明细科目	借或贷	借方金额											贷方金额											√
				亿	千	百	十	万	千	百	十	元	角	分	亿	千	百	十	万	千	百	十	元	角	分	
结转材料成本差异	生产成本	炼铁车间					2	0	0	8	3	0	7	0												□
		炼钢车间						4	7	5	4	5	2	0												□
		轧钢车间						8	1	7	7	1	0	0												□
		机修车间							1	0	3	0	0	0												□
		供电车间								3	1	0	0	0												□
合　计																										□

附单据 1 张

财会主管：　　　记账：　　　复核：　　　制单：

转 账 凭 证

转 字第 40-2/3 号

202×年 12 月 31 日

摘要	总账科目	明细科目	借或贷	借方金额（亿千百十万千百十元角分）	贷方金额（亿千百十万千百十元角分）	√
结转材料成本差异	制造费用	炼铁车间		29800		□
		炼钢车间		34080		□
		轧钢车间		63964		□
	其他业务成本	销售废钢		2669500		□
结转材料成本差异	材料成本差异	原材料			35684190	□
合　计						□

附单据 1 张

财会主管：　　记账：　　复核：　　制单：

转 账 凭 证

转 字第 40-3/3 号

202×年 12 月 31 日

摘要	总账科目	明细科目	借或贷	借方金额（亿千百十万千百十元角分）	贷方金额（亿千百十万千百十元角分）	√
结转材料成本差异	材料成本差异	辅助材料			259800	□
		周转材料			125716	□
						□
						□
						□
合　计				¥35550106	¥35550106	□

附单据 1 张

财会主管：　　记账：　　复核：　　制单：

66. 12 月 31 日，分配工资。

应付职工薪酬、工会经费、教育经费计算表

转　账　凭　证

转字第 41-1/7 号

202×年 12 月 31 日

摘　要	总账科目	明细科目	借或贷	借方金额											贷方金额											√
				亿	千	百	十	万	千	百	十	元	角	分	亿	千	百	十	万	千	百	十	元	角	分	
分配职工薪酬	生产成本	炼铁车间					1	3	5	9	0	0	0	0												□
		炼钢车间					1	1	9	0	0	0	0	0												□
		轧钢车间					2	0	2	0	0	0	0	0												□
	制造费用	炼铁车间						2	0	7	8	0	0	0												□
		炼钢车间						3	4	6	0	9	0	0												□
合　计																										□

附单据 1 张

财会主管：　　记账：　　复核：　　制单：

转　账　凭　证

转字第 41-2/7 号

202×年 12 月 31 日

摘　要	总账科目	明细科目	借或贷	借方金额											贷方金额											√
				亿	千	百	十	万	千	百	十	元	角	分	亿	千	百	十	万	千	百	十	元	角	分	
分配职工薪酬	制造费用	轧钢车间						5	1	9	0	0	0	0												□
	生产成本	机修车间						5	8	0	0	0	0	0												□
		供电车间						2	4	6	0	0	0	0												□
	管理费用						1	5	7	4	0	0	0	0												□
																										□
合　计																										□

附单据 1 张

财会主管：　　记账：　　复核：　　制单：

转　账　凭　证

转字第 41-3/7 号

202×年 12 月 31 日

摘　要	总账科目	明细科目	借或贷	借方金额											贷方金额											√
				亿	千	百	十	万	千	百	十	元	角	分	亿	千	百	十	万	千	百	十	元	角	分	
分配职工薪酬	在建工程							3	4	5	0	0	0	0												□
分配职工薪酬	应付职工薪酬	工资																8	3	8	6	8	9	0	0	□
																										□
																										□
																										□
合　计						¥	8	3	8	6	8	9	0	0			¥	8	3	8	6	8	9	0	0	□

附单据 1 张

财会主管：　　记账：　　复核：　　制单：

转账凭证

转 字第 41-4/7 号

202×年 12 月 31 日

摘要	总账科目	明细科目	借或贷	借方金额											贷方金额											√
				亿	千	百	十	万	千	百	十	元	角	分	亿	千	百	十	万	千	百	十	元	角	分	
分配职工薪酬	生产成本	炼铁车间						1	9	0	2	6	0	0												□
		炼钢车间						1	6	6	6	0	0	0												□
		轧钢车间						2	8	2	8	0	0	0												□
	制造费用	炼铁车间							2	9	0	9	2	0												□
		炼钢车间							4	8	4	5	2	6												□
合计																										□

附单据1张

财会主管：　　记账：　　复核：　　制单：

转账凭证

转 字第 41-5/7 号

202×年 12 月 31 日

摘要	总账科目	明细科目	借或贷	借方金额											贷方金额											√
				亿	千	百	十	万	千	百	十	元	角	分	亿	千	百	十	万	千	百	十	元	角	分	
分配职工薪酬	制造费用	轧钢车间							7	2	6	6	0	0												□
	生产成本	机修车间							8	1	2	0	0	0												□
		供电车间							3	4	4	4	0	0												□
	管理费用							2	2	0	3	6	0	0												□
	在建工程								4	8	3	0	0	0												□
合计																										□

附单据1张

财会主管：　　记账：　　复核：　　制单：

转账凭证

转 字第 41-6/7 号

202×年 12 月 31 日

摘要	总账科目	明细科目	借或贷	借方金额											贷方金额											√
				亿	千	百	十	万	千	百	十	元	角	分	亿	千	百	十	万	千	百	十	元	角	分	
分配职工薪酬	应付职工薪酬	社会保险																1	1	7	4	1	6	4	6	□
																										□
																										□
																										□
																										□
合计						¥	1	1	7	4	1	6	4	6			¥	1	1	7	4	1	6	4	6	□

附单据1张

财会主管：　　记账：　　复核：　　制单：

转　账　凭　证

转 字第 41-7/7 号

202×年 12 月 31 日

摘　要	总账科目	明细科目	借或贷	借方金额											贷方金额											√
				亿	千	百	十	万	千	百	十	元	角	分	亿	千	百	十	万	千	百	十	元	角	分	
分配职工薪酬	管理费用							9	5	6	1	0	5	5												□
分配职工薪酬	其他应付款	工会经费																	1	9	1	2	2	1	1	□
		教育经费																	7	6	4	8	8	4	4	□
																										□
																										□
合　计							¥	9	5	6	1	0	5	5				¥	9	5	6	1	0	5	5	□

附单据 1 张

财会主管：　　记账：　　复核：　　制单：

67. 12 月 31 日，计提坏账准备。

坏账准备计算表

转　账　凭　证

转 字第 42 号

202×年 12 月 31 日

摘　要	总账科目	明细科目	借或贷	借方金额											贷方金额											√
				亿	千	百	十	万	千	百	十	元	角	分	亿	千	百	十	万	千	百	十	元	角	分	
计提坏账准备	信用减值损失						1	4	3	1	4	2	0	5												□
计提坏账准备	坏账准备	应收账款																1	4	2	9	5	8	0	0	□
	坏账准备	其他应收款																			1	8	4	0	5	□
																										□
																										□
合　计						¥	1	4	3	1	4	2	0	5			¥	1	4	3	1	4	2	0	5	□

附单据 1 张

财会主管：　　记账：　　复核：　　制单：

68. 12 月 31 日，计提固定资产折旧。

固定资产折旧计算表

转账凭证

转 字第 43-1/2 号

202×年 12 月 31 日

摘要	总账科目	明细科目	借或贷	借方金额											贷方金额											√
				亿	千	百	十	万	千	百	十	元	角	分	亿	千	百	十	万	千	百	十	元	角	分	
计提固定资产折旧	制造费用	炼铁车间					1	1	9	8	1	2	5	0												☐
		炼钢车间					1	1	3	7	5	0	0	0												☐
		轧钢车间						7	1	8	7	5	0	0												☐
	生产成本	机修车间						2	2	5	0	0	0	0												☐
		供电车间						5	2	6	9	3	0	0												☐
合计																										☐

附单据 1 张

财会主管： 记账： 复核： 制单：

转账凭证

转 字第 43-2/2 号

202×年 12 月 31 日

摘要	总账科目	明细科目	借或贷	借方金额											贷方金额											√
				亿	千	百	十	万	千	百	十	元	角	分	亿	千	百	十	万	千	百	十	元	角	分	
计提固定资产折旧	管理费用							5	2	5	0	0	0	0												☐
	销售费用							1	4	6	2	5	0	0												☐
	应付职工薪酬	福利部门						1	0	1	2	5	0	0												☐
计提固定资产折旧	累计折旧																	4	5	7	8	8	0	5	0	☐
																										☐
合计						¥	4	5	7	8	8	0	5	0			¥	4	5	7	8	8	0	5	0	☐

附单据 1 张

财会主管： 记账： 复核： 制单：

69. 12 月 31 日，分配辅助生产费用。供电车间负责全公司各部门用电的记录和管理（包括机修车间），机修车间只为 3 个基本生产车间提供维修劳务。

辅助生产费用分配表

转　账　凭　证

转 字第 44-1/3 号

202×年 12 月 31 日

摘要	总账科目	明细科目	借或贷	借方金额											贷方金额											√
				亿	千	百	十	万	千	百	十	元	角	分	亿	千	百	十	万	千	百	十	元	角	分	
分配辅助生产费用	制造费用	炼铁车间						5	4	5	4	0	0	0												□
		炼钢车间						7	4	5	3	8	0	0												□
		轧钢车间					1	0	5	4	3	8	4	0												□
分配辅助生产费用	生产成本	机修车间																2	3	4	5	1	6	4	0	□
																										□
合　计						¥	2	3	4	5	1	6	4	0			¥	2	3	4	5	1	6	4	0	□

附单据1张

财会主管：　　记账：　　复核：　　制单：

转　账　凭　证

转 字第 44-2/3 号

202×年 12 月 31 日

摘要	总账科目	明细科目	借或贷	借方金额											贷方金额											√
				亿	千	百	十	万	千	百	十	元	角	分	亿	千	百	十	万	千	百	十	元	角	分	
分配辅助生产费用	制造费用	炼铁车间						8	2	7	8	5	2	8												□
		炼钢车间						6	7	3	3	2	9	6												□
		轧钢车间						5	2	8	5	9	5	2												□
分配辅助生产费用	生产成本	机修车间						2	9	3	6	6	4	0												□
分配辅助生产费用	管理费用							1	8	8	7	8	4	0												□
合　计																										□

附单据1张

财会主管：　　记账：　　复核：　　制单：

转　账　凭　证

转 字第 44-3/3 号

202×年 12 月 31 日

摘要	总账科目	明细科目	借或贷	借方金额											贷方金额											√
				亿	千	百	十	万	千	百	十	元	角	分	亿	千	百	十	万	千	百	十	元	角	分	
分配辅助生产费用	在建工程								8	3	2	4	4	4												□
分配辅助生产费用	生产成本	供电车间																2	5	9	5	4	7	0	0	□
																										□
																										□
																										□
合　计						¥	2	5	9	5	4	7	0	0			¥	2	5	9	5	4	7	0	0	□

附单据1张

财会主管：　　记账：　　复核：　　制单：

说明：先分配供电车间费用；供电车间费用分配后的尾差 3.96 计入在建工程。

70. 12 月 31 日，分配制造费用。

制造费用明细表

转 账 凭 证

转 字第 45-1/2 号

202×年 12 月 31 日

摘 要	总账科目	明细科目	借或贷	借方金额											贷方金额											√
				亿	千	百	十	万	千	百	十	元	角	分	亿	千	百	十	万	千	百	十	元	角	分	
分配制造费用	生产成本	炼铁车间					3	9	4	0	2	4	9	8												□
		炼钢车间					4	6	2	2	5	6	0	2												□
		轧钢车间					5	7	9	0	1	7	2	8												□
分配制造费用	制造费用	炼铁车间																3	9	4	0	2	4	9	8	□
		炼钢车间																4	6	2	2	5	6	0	2	□
合 计																										□

附单据 1 张

财会主管： 记账： 复核： 制单：

转 账 凭 证

转 字第 45-2/2 号

202×年 12 月 31 日

摘 要	总账科目	明细科目	借或贷	借方金额											贷方金额											√
				亿	千	百	十	万	千	百	十	元	角	分	亿	千	百	十	万	千	百	十	元	角	分	
分配制造费用	制造费用	轧钢车间																5	7	9	0	1	7	2	8	□
																										□
																										□
																										□
																										□
合 计					¥	1	4	3	5	2	9	8	2	8		¥	1	4	3	5	2	9	8	2	8	□

附单据 1 张

财会主管： 记账： 复核： 制单：

说明：制造费用全部直接计入各车间成本。

71. 12 月 31 日，成本计算。

公司成本计算方法采用逐步结转分步法，一车间（炼铁）生产的铁水，直接转入第二车间（炼钢），第二车间生产的自制半成品（钢坯）直接由三车间（轧钢）领用，也可对外销售。本月共生产 120#钢坯 5 200 吨，其中，200 吨入自制半成品库，5 000 吨转入下一生产步骤。第三车间本月生产两种产品：ϕ6.5mm 高速线材 3 000 吨、ϕ12mm 螺纹钢 2 000 吨。在产品与产成品成本按约当产量分配。月末采用先进先出法结转已销产品销售成本。

各车间产量记录
一车间（炼铁）成本计算单
二车间（炼钢）成本计算单
三车间（轧钢）成本计算单
三车间高速线材成本计算单
三车间螺纹钢成本计算单

转　账　凭　证

转 字第 46-1/2 号

202×年 12 月 31 日

摘　要	总账科目	明细科目	借或贷	借方金额（亿千百十万千百十元角分）	贷方金额（亿千百十万千百十元角分）	√
成本计算	自制半成品	钢坯		518336000		□
成本计算	生产成本	二车间			518336000	□
						□
						□
						□
合　计				¥518336000	¥518336000	□

附单据 6 张

财会主管：　　记账：　　复核：　　制单：

转　账　凭　证

转 字第 46-2/2 号

202×年 12 月 31 日

摘　要	总账科目	明细科目	借或贷	借方金额（亿千百十万千百十元角分）	贷方金额（亿千百十万千百十元角分）	√
成本计算	库存商品	高速线材		1055058000		□
		螺纹钢		709384000		□
成本计算	生产成本	高速线材			1055058000	□
		螺纹钢			709384000	□
						□
合　计				¥1764442000	¥1764442000	□

附单据 6 张

财会主管：　　记账：　　复核：　　制单：

利息费用计算表

72. 12 月 31 日，计算各种利息费用。

转 账 凭 证

转 字第 47 号

202×年 12 月 31 日

摘　要	总账科目	明细科目	借或贷	借方金额											贷方金额											√
				亿	千	百	十	万	千	百	十	元	角	分	亿	千	百	十	万	千	百	十	元	角	分	
计算利息费用	财务费用							8	3	7	5	0	0	0												□
	在建工程							1	2	5	0	0	0	0												□
计算利息费用	应付利息																		8	9	2	5	0	0	0	□
	应付债券																			7	0	0	0	0	0	□
合　计							¥	9	6	2	5	0	0	0				¥	9	6	2	5	0	0	0	□

附单据 1 张

财会主管：　　　　记账：　　　　复核：　　　　制单：

无形资产、长期待摊费用摊销计算表

73. 12 月 31 日，摊销无形资产、长期待摊费用等。

转 账 凭 证

转 字第 48 号

202×年 12 月 31 日

摘　要	总账科目	明细科目	借或贷	借方金额											贷方金额											√
				亿	千	百	十	万	千	百	十	元	角	分	亿	千	百	十	万	千	百	十	元	角	分	
摊销无形资产、长期待摊费用等	管理费用							1	1	1	8	0	0	0												□
摊销无形资产、长期待摊费用等	累计摊销																			2	3	4	6	6	7	□
摊销无形资产、长期待摊费用等	长期待摊费用																			8	8	3	3	3	3	□
																										□
																										□
合　计							¥	1	1	1	8	0	0	0				¥	1	1	1	8	0	0	0	□

附单据 1 张

财会主管：　　　　记账：　　　　复核：　　　　制单：

74. 12 月 31 日，计提资产减值准备。

资产减值准备计算表

转　账　凭　证

转字第　49　号

202×年 12 月 31 日

摘要	总账科目	明细科目	借或贷	借方金额											贷方金额											√
				亿	千	百	十	万	千	百	十	元	角	分	亿	千	百	十	万	千	百	十	元	角	分	
计提资产减值准备	资产减值损失								6	0	0	0	0	0												□
计提资产减值准备	债权投资减值准备																			5	0	0	0	0	0	□
	无形资产减值准备																			1	0	0	0	0	0	□
																										□
																										□
合计								¥	6	0	0	0	0	0					¥	6	0	0	0	0	0	□

附单据1张

财会主管：　　　记账：　　　复核：　　　制单：

75. 12 月 31 日，摊销未确认融资费用（见业务 10）。

转　账　凭　证

转字第　50　号

202×年 12 月 31 日

摘要	总账科目	明细科目	借或贷	借方金额											贷方金额											√
				亿	千	百	十	万	千	百	十	元	角	分	亿	千	百	十	万	千	百	十	元	角	分	
摊销未确认融资费用	财务费用								5	2	0	3	5	8												□
摊销未确认融资费用	未确认融资费用																			5	2	0	3	5	8	□
																										□
																										□
																										□
合计								¥	5	2	0	3	5	8					¥	5	2	0	3	5	8	□

附单据1张

财会主管：　　　记账：　　　复核：　　　制单：

说明：未确认融资费用计算表（注：1 248 860×5% ÷12＝5 203.58）。

76. 12 月 31 日，结转已售产品成本。

产品销售成本计算表

转 账 凭 证

转 字第 51 号

202×年 12 月 31 日

摘要	总账科目	明细科目	借或贷	借方金额											贷方金额											√
				亿	千	百	十	万	千	百	十	元	角	分	亿	千	百	十	万	千	百	十	元	角	分	
结转已售产品成本	主营业务成本					4	5	3	6	0	0	0	0	0												☐
结转已售产品成本	库存商品																2	8	3	6	0	0	0	0	0	☐
	自制半成品																	4	6	4	0	0	0	0	0	☐
	发出商品																	1	8	6	0	0	0	0	0	☐
	委托代销商品																	1	0	5	0	0	0	0	0	☐
合　计					¥	4	5	3	6	0	0	0	0	0		¥	4	5	3	6	0	0	0	0	0	☐

附单据1张

财会主管：　　记账：　　复核：　　制单：

77. 12 月 31 日，计算各项流转税。

各项流转税计算表

转 账 凭 证

转 字第 52 号

202×年 12 月 31 日

摘要	总账科目	明细科目	借或贷	借方金额											贷方金额											√
				亿	千	百	十	万	千	百	十	元	角	分	亿	千	百	十	万	千	百	十	元	角	分	
计算各项流转税	税金及附加							1	9	9	1	1	0	4												☐
计算各项流转税	应交税费	城建税																	1	3	9	3	7	7	3	☐
		教育费附加																		5	9	7	3	3	1	☐
																										☐
																										☐
合　计							¥	1	9	9	1	1	4	4				¥	1	9	9	1	1	4	4	☐

附单据1张

财会主管：　　记账：　　复核：　　制单：

78. 12 月 31 日，进行所得税调整。计算全年应交所得税，并申报本月应交数。（提示：（1）1—12 月份管理费用中业务招待费 1 356 000. 00 元；（2）全年销售费用中列支广告费未超标；（3）固定资产折旧计提未超过税务部门规定的标准；（4）税法规定坏账准备计提比例为 0.5%）。

（1）业务招待费。

全年收入=（64 842 300.00+1 320 000.00）+（5 325 000.00+1 772 800.00）
　　　=73 260 100.00（元）

扣除限额=73 260 100.00×5‰=366 300.50（元）

实际扣除额=1 356 000.00×60%=813 600.00（元）

超标准额=1 356 000.00−366 300.50=989 699.50（元）

（2）坏账准备。

应计提坏账准备=10 936.48+23 000−（958 000+23 500）×5‰=29 028.98（元）

实际数=142 958+184.05=143 142.05（元）

超标数=143 142.05−29 028.98=114 113.07（元）

超标合计=989 699.50+114 113.07=1 103 812.57（元）

全年税前利润=12 459 676.47+795 432.92=13 255 109.39（元）

应纳税所得额=13 255 109.39+1 103 812.57=14 358 921.96（元）

所得税=14 358 921.96×25%=3 589 730.49（元）

（3）

全年应调增所得额=989 699.50+114 113.07−90 000+68 000+2 000=1 083 812.57（元）

调增所得税=1 083 812.57×25%=270 953.14（元）

全年税前利润=12 459 676.47+795 432.92=13 255 109.39（元）

调整后=13 255 109.39+1 083 812.57=14 338 921.96（元）

全年应交所得税=14 338 921.96×25%=3 584 730.49（元）

79.12 月 31 日，会计估计、会计政策变更。（假设采用个别折旧率、累计折旧单项计提固定资产折旧）由于科技进步，以及受市场上相同产品更新换代因素的影响，本公司决定对 202×-2 年 1 月 1 日购入的大型轧钢设备（原值 400 万元，原预计使用 10 年，预计净残值率 5%），由直线法改为双倍余额递减法计提折旧。

80.12 月 31 日，年末进行固定资产、存货盘点。

固定资产盘点表
存货盘点表

转 账 凭 证

转 字第 53-1/6 号

202×年 12 月 31 日

摘要	总账科目	明细科目	借或贷	借方金额											贷方金额											√
				亿	千	百	十	万	千	百	十	元	角	分	亿	千	百	十	万	千	百	十	元	角	分	
固定资产盘盈	固定资产							5	5	0	0	0	0	0												☐
固定资产盘盈	以前年度损益调整																		4	1	2	5	0	0	0	☐
	应交税费	所得税																	1	3	7	5	0	0	0	☐
																										☐
																										☐
合 计							¥	5	5	0	0	0	0	0				¥	5	5	0	0	0	0	0	☐

附单据1张

财会主管： 记账： 复核： 制单：

转 账 凭 证

转 字第 53-2/6 号

202×年 12 月 31 日

摘要	总账科目	明细科目	借或贷	借方金额											贷方金额											√
				亿	千	百	十	万	千	百	十	元	角	分	亿	千	百	十	万	千	百	十	元	角	分	
结转以前年度调整	以前年度损益调整							4	1	2	5	0	0	0												☐
结转以前年度调整	利润分配	未分配利润																	3	0	9	3	7	5	0	☐
	盈余公积																		1	0	3	1	2	5	0	☐
																										☐
																										☐
合 计							¥	4	1	2	5	0	0	0				¥	4	1	2	5	0	0	0	☐

附单据1张

财会主管： 记账： 复核： 制单：

转 账 凭 证

转 字第 53-3/6 号

202×年 12 月 31 日

摘要	总账科目	明细科目	借或贷	借方金额											贷方金额											√
				亿	千	百	十	万	千	百	十	元	角	分	亿	千	百	十	万	千	百	十	元	角	分	
存货盘亏	待处理财产损溢	待处理流动资产损溢						2	0	3	3	0	6	8												☐
存货盘亏	原材料	机油																	1	7	5	0	0	0	0	☐
	材料成本差异																				4	9	1	7	5	☐
	应交税费	应交增值税（进项税额转出）																		2	3	3	8	9	3	☐
																										☐
合 计							¥	2	0	3	3	0	6	8				¥	2	0	3	3	0	6	8	☐

附单据1张

财会主管： 记账： 复核： 制单：

转账凭证

转字第 53-4/6 号

202×年 12 月 31 日

摘要	总账科目	明细科目	借或贷	借方金额											贷方金额											√
				亿	千	百	十	万	千	百	十	元	角	分	亿	千	百	十	万	千	百	十	元	角	分	
转销盘亏存货	管理费用							2	0	3	3	0	6	8												□
转销盘亏存货	待处理财产损溢	待处理流动资产损溢																	2	0	3	3	0	6	8	□
																										□
																										□
																										□
合计							¥	2	0	3	3	0	6	8				¥	2	0	3	3	0	6	8	□

附单据1张

财会主管： 记账： 复核： 制单：

转账凭证

转字第 53-5/6 号

202×年 12 月 31 日

摘要	总账科目	明细科目	借或贷	借方金额											贷方金额											√
				亿	千	百	十	万	千	百	十	元	角	分	亿	千	百	十	万	千	百	十	元	角	分	
存货盘盈	库存商品	螺纹钢							6	2	0	0	0	0												□
存货盘盈	待处理财产损溢	待处理流动资产损溢																		6	2	0	0	0	0	□
																										□
																										□
																										□
合计								¥	6	2	0	0	0	0					¥	6	2	0	0	0	0	□

附单据1张

财会主管： 记账： 复核： 制单：

转账凭证

转字第 53-6/6 号

202×年 12 月 31 日

摘要	总账科目	明细科目	借或贷	借方金额											贷方金额											√
				亿	千	百	十	万	千	百	十	元	角	分	亿	千	百	十	万	千	百	十	元	角	分	
转销盘盈存货	待处理财产损溢	待处理流动资产损溢							6	2	0	0	0	0												□
转销盘盈存货	管理费用																			6	2	0	0	0	0	□
																										□
																										□
																										□
合计								¥	6	2	0	0	0	0					¥	6	2	0	0	0	0	□

附单据1张

财会主管： 记账： 复核： 制单：

81. 12 月 31 日，计算利润总额。

转 账 凭 证

转 字第 54-1/3 号

202×年 12 月 31 日

摘　要	总账科目	明细科目	借或贷	借方金额											贷方金额											√
				亿	千	百	十	万	千	百	十	元	角	分	亿	千	百	十	万	千	百	十	元	角	分	
计算利润总额	本年利润					7	0	6	7	2	1	1	1	6												□
计算利润总额	主营业务成本																4	5	3	6	0	0	0	0	0	□
	税金及附加																		1	9	9	1	1	0	4	□
	销售费用																	1	0	9	8	7	5	0	0	□
	管理费用																	3	3	8	2	7	1	6	2	□
合　计																										□

附单据 1 张

财会主管：　　记账：　　复核：　　制单：

转 账 凭 证

转 字第 54-2/3 号

202×年 12 月 31 日

摘　要	总账科目	明细科目	借或贷	借方金额											贷方金额											√
				亿	千	百	十	万	千	百	十	元	角	分	亿	千	百	十	万	千	百	十	元	角	分	
计算利润总额	财务费用																	1	1	2	3	1	6	4	5	□
	其他业务成本																1	4	7	1	6	9	5	0	0	□
	营业外支出																	3	3	0	0	0	0	0	0	□
	资产减值损失																			6	0	0	0	0	0	□
	信用减值损失																	1	4	3	1	4	2	0	5	□
合　计					¥	7	0	6	7	2	1	1	1	6		¥	7	0	6	7	2	1	1	1	6	□

附单据 1 张

财会主管：　　记账：　　复核：　　制单：

转 账 凭 证

转 字第 54-3/3 号

202×年 12 月 31 日

摘　要	总账科目	明细科目	借或贷	借方金额											贷方金额											√
				亿	千	百	十	万	千	百	十	元	角	分	亿	千	百	十	万	千	百	十	元	角	分	
计算利润总额	主营业务收入					5	3	2	5	0	0	0	0	0												□
	其他业务收入					1	7	7	2	8	0	0	0	0												□
	投资收益						1	3	0	0	0	0	0	0												□
	营业外收入							1	1	1	1	9	9	1												□
计算利润总额	本年利润																7	2	3	8	9	1	9	9	1	□
合　计					¥	7	2	3	8	9	1	9	9	1		¥	7	2	3	8	9	1	9	9	1	□

附单据 1 张

财会主管：　　记账：　　复核：　　制单：

（自制原始凭证：利润总额计算表）

82. 纳税调整及计算所得税。

全年应纳税所得额 = 12 459 676.47（1—11 月）+171 708.75（12 月）= 12 631 385.22（元）

应纳所得税 = 12 631 385.22×25% = 3 157 846.31（元）

净利润 = 12 631 385.22−3 157 846.31 = 9 473 538.91（元）

本月应交所得税 = 42 927.19 元

转 账 凭 证

转 字第 55-1/2 号

202×年 12 月 31 日

摘　要	总账科目	明细科目	借或贷	借方金额											贷方金额											√
				亿	千	百	十	万	千	百	十	元	角	分	亿	千	百	十	万	千	百	十	元	角	分	
计算所得税	所得税费用							4	2	9	2	7	1	9												☐
计算所得税	应交税费	应交所得税																	4	2	9	2	7	1	9	☐
																										☐
																										☐
																										☐
合　计							¥	4	2	9	2	7	1	9				¥	4	2	9	2	7	1	9	☐

附单据 1 张

财会主管：　　记账：　　复核：　　制单：

转 账 凭 证

转 字第 55-2/2 号

202×年 12 月 31 日

摘　要	总账科目	明细科目	借或贷	借方金额											贷方金额											√
				亿	千	百	十	万	千	百	十	元	角	分	亿	千	百	十	万	千	百	十	元	角	分	
结转利润	本年利润							4	2	9	2	7	1	9												☐
结转利润	所得税费用																		4	2	9	2	7	1	9	☐
																										☐
																										☐
																										☐
合　计							¥	4	2	9	2	7	1	9				¥	4	2	9	2	7	1	9	☐

附单据 1 张

财会主管：　　记账：　　复核：　　制单：

（自制原始凭证：所得税计算表）

---

83. 12 月 31 日，进行利润分配。召开董事会，制订了利润分配方案如下：按照本年实现净利润的 10% 提取法定盈余公积、15% 提取任意盈余公积，按照本年净利润扣除上述两项的净额加上年未分配利润的 10% 发放股利。

利润分配计算表

转 账 凭 证

转 字第 56-1/4 号

202×年 12 月 31 日

摘 要	总账科目	明细科目	借或贷	借方金额											贷方金额											√
				亿	千	百	十	万	千	百	十	元	角	分	亿	千	百	十	万	千	百	十	元	角	分	
结转利润	本年利润						1	2	8	7	8	1	5	6												☐
结转利润	利润分配	未分配利润																1	2	8	7	8	1	5	6	☐
																										☐
																										☐
																										☐
合 计						¥	1	2	8	7	8	1	5	6			¥	1	2	8	7	8	1	5	6	☐

附单据 1 张

财会主管： 记账： 复核： 制单：

转 账 凭 证

转 字第 56-2/4 号

202×年 12 月 31 日

摘 要	总账科目	明细科目	借或贷	借方金额											贷方金额											√
				亿	千	百	十	万	千	百	十	元	角	分	亿	千	百	十	万	千	百	十	元	角	分	
利润分配	利润分配	未分配利润				3	0	7	8	9	0	0	1	5												☐
利润分配	利润分配	提取法定盈余公积																9	4	7	3	5	3	8	9	☐
		提取任意盈余公积															1	4	2	1	0	3	0	8	4	☐
		应付普通股股利																7	1	0	5	1	5	4	2	☐
																										☐
合 计					¥	3	0	7	8	9	0	0	1	5		¥	3	0	7	8	9	0	0	1	5	☐

附单据 1 张

财会主管： 记账： 复核： 制单：

转 账 凭 证

转 字第 56-3/4 号

202×年 12 月 31 日

摘 要	总账科目	明细科目	借或贷	借方金额											贷方金额											√
				亿	千	百	十	万	千	百	十	元	角	分	亿	千	百	十	万	千	百	十	元	角	分	
转入盈余公积	利润分配	提取法定盈余公积					9	4	7	3	5	3	8	9												☐
		提取任意盈余公积				1	4	2	1	0	3	0	8	4												☐
		应付普通股股利					7	1	0	5	1	5	4	2												☐
转入盈余公积	盈余公积	提取法定盈余公积																9	4	7	3	5	3	8	9	☐
		提取任意盈余公积															1	4	2	1	0	3	0	8	4	☐
合 计																										☐

附单据 1 张

财会主管： 记账： 复核： 制单：

转　账　凭　证

转字第 56-4/4 号

202x年 12月 31日

摘　要	总账科目	明细科目	借或贷	借方金额											贷方金额											√
				亿	千	百	十	万	千	百	十	元	角	分	亿	千	百	十	万	千	百	十	元	角	分	
转入盈余公积	应付股利	应付普通股股利																7	1	0	5	1	5	4	2	□
																										□
																										□
																										□
																										□
合　计					¥	3	0	7	8	9	0	0	1	5		¥	3	0	7	8	9	0	0	1	5	□

附单据 1 张

财会主管：　　记账：　　复核：　　制单：

（自制原始凭证：利润分配计算表）

第二单元

模拟实训审计资料

被审计单位及审计项目：大华钢铁公司202×年度的会计报表审计。

东方会计师事务所（地址：北京市东长安街156号经审大厦 邮编：100006 电话：010-67534886 传真：010-67534886 联系人：赵健）接受委托，负责对大华钢铁公司202×年度的会计报表进行审计。

审计人员：审计项目组共6人，刘力为项目负责人，成员有李龙海、张同、李司、张虹、陈思思。

审计工作时间：202×+1年2月20—28日。

具体审计工作底稿编制及复核工作分工见下表：

审计项目		编制人	编制日期	复核人	复核日期
销售与收款循环审计	营业收入审计	陈思思	202×+1.2.20	刘力	202×+1.2.22
	应收账款审计	陈思思	202×+1.2.20	张同	202×+1.2.24
	其他项目审计	陈思思	202×+1.2.22	张同	202×+1.2.23
购货与付款循环审计	固定资产审计	刘力	202×+1.2.20	张虹	202×+1.2.24
	应付账款审计	李龙海	202×+1.2.20	刘力	202×+1.2.26
	其他项目审计	李龙海	202×+1.2.23	刘力	202×+1.2.24
生产与存货循环审计	存货审计	李司	202×+1.2.20	刘力	202×+1.2.23
	其他项目审计	张同	202×+1.2.25	李司	202×+1.2.26
筹资与投资循环审计	筹资业务审计	张虹	202×+1.2.20	刘力	202×+1.2.26
	投资业务审计	李司	202×+1.2.23	李龙海	202×+1.2.25
货币资金审计		陈思思	202×+1.2.24	刘力	202×+1.2.28

重要性水平的确定：

报表层次的重要性水平：由于是连续审计，该项目组成员根据被审计单位的各方面情况，按期末资产总额的0.5%即30万元确定会计报表层次的重要性水平。

各类交易、账户余额、列报认定层次的重要性水平：审计结束后按各账户的重要性水平即报表项目的0.5%确定，并分别计入账项调整分录汇总表和未更正错报汇总表。

部分审计相关资料如下：

上期审定数的确定：在填制审计工作底稿时，以账簿的期初余额作为上期审定数。

■ 一、销售与收款循环审计

（一）“主营业务收入”审计业务相关资料

202×-1 年、202×年各月销售情况汇总表

单位：元

月份	主营业务收入		主营业务成本	
	202×-1 年度	202×年度	202×-1 年度	202×年度
1	2 300 000.00	（略）	1 800 000.00	3 011 000.00
2	3 100 000.00		2 520 000.00	3 352 100.00
3	2 186 000.00		1 983 000.00	3 532 100.00
4	4 680 000.00		4 380 000.00	2 162 100.00
5	4 100 000.00		3 800 000.00	3 362 100.00
6	3 320 000.00		3 020 000.00	3 082 100.00
7	4 000 000.00		3 470 000.00	5 152 100.00
8	3 909 000.00		3 389 000.00	3 332 100.00
9	2 987 000.00		2 500 000.00	3 272 100.00
10	3 830 000.00		3 390 000.00	4 358 100.00
11	4 015 600.00		3 718 600.00	4 324 100.00
12	7 785 000.00		5 089 000.00	4 536 000.00
合计	46 212 600.00		39 059 600.00	43 476 000.00

202×+1 年 1 月份部分收入情况汇总表

金额单位：元

记账日期	凭证编号	客户名称	货物名称	营业收入	增值税额	发票内容					发货记录			
						编号	日期	单价	数量	金额	日期	名称	数量	金额
2日	转2	华钢工贸	普通线材	451 000.00	58 630.00	N05841	202×年12月28日	4 510.00	100	451 000.00	202×年12月31日	普通线材	100	451 000.00
5日	转6	庆阳五金	95#钢坯	84 000.00	10 920.00	N05842	202×+1 年1月4日	3 000.00	28	84 000.00	202×+1 年1月4日	95#钢坯	28	84 000.00
6日	银收8	鞍山钢铁集团	ϕ25mm螺纹钢	700 000.00	91 000.00	N05842	202×+1 年1月2日	3 500.00	200	700 000.00	202×+1 年1月5日	ϕ25mm螺纹钢	200	700 000.00

202×年 12 月 31 日应交税费明细表

单位：元

应交税费明细项目	金 额
企业所得税	191 646. 34
增值税	199 110. 39
房产税	8 025. 00
城市维护建设税	13 937. 73
教育费附加	5 973. 31
预扣预缴个人所得税	53 200. 00
合 计	471 892. 77

（二）"应收款项" 审计业务相关资料

1. 应收款项账龄情况

（1）应收账款

华钢工贸股份有限公司应收账款余额 1 806 280. 00 元，其中：3 年以上的 520 000. 00 元，其余为 1 年以内。

大成建设公司应收账款余额 351 300. 00 元，其中：2 ~3 年的 100 000. 00 元，其余为 1 年以内。

（2）其他应收款

其他应收款余额 26 215. 00 元，全部为当年发生额。

2. 应收款项坏账准备的计提比例

（1）应收账款坏账准备原计提比例为 10%

根据企业的具体情况，注册会计师认定该公司的坏账预期损失率过低，应按以下比例调整：3 年以上按 100% 计提；2 ~3 年按 50% 计提；1 ~2 年均按 20% 计提；1 年以内的按 5% 计提（本期审计调整数除外）。

（2）其他应收款坏账准备的计提比例为 3%

3. 与客户（应收账款明细账单位）关系

被审计单位大华钢铁公司与客户（应收账款明细账单位）关系为非关联方。

4. 应收账款函证情况

（1）应收账款发函记录（积极方式）

	为民钢材公司		华钢工贸		大成建设		前程建筑		沈阳漫源		光彩矿石	
	第一次	第二次	第一次	第二次	第一次	第二次	第一次	第二次	第一次	第二次	第一次	第二次
发函时间	202×+1. 2. 20		202×+1. 2. 20		202×+1. 2. 20	202×+1. 2. 25	202×+1. 2. 20		202×+1. 2. 20		202×+1. 2. 20	
发函人	陈思思		陈思思		陈思思		陈思思		陈思思		陈思思	

（2）询证函回函

企业询证函

编号：1

为民钢材公司：

本公司聘请的东方会计师事务所正在对本公司202×年度财务报表进行审计，按照中国注册会计师审计准则的要求，应当询证本公司与贵公司的往来账项等事项。下列数据出自本公司账簿记录，如与贵公司记录相符，请在本函下端“信息证明无误”处签章证明；如有不符，请在“信息不符”处列明不符金额。回函请直接寄至东方会计师事务所。

回函地址：北京市东长安街156号经审大厦

邮编：100006　电话：010-67534886　传真：010-67534886　联系人：赵健

1. 本公司与贵公司的往来账项列示如下：

单位：元

截止日期	贵公司欠	欠贵公司	备注
202×年12月31日	0.00	0.00	

2. 其他事项：

本函仅为复核账目之用，并非催款结算。若款项在上述日期之后已经付清，仍请及时函复为盼，并注明付款的情况，以便查对。

大华钢铁公司 财务专用章

（公司盖章）

202×+1年2月20日

结论：

1. 信息证明无误

为民钢材公司 财务专用章

（公司盖章）

202×+1年2月25日

经办人：李贺

2. 信息不符，请列明不符的详细情况

（公司盖章）

年　月　日

经办人：

企业询证函

编号：2

华钢工贸股份有限公司：

本公司聘请的东方会计师事务所正在对本公司202×年度财务报表进行审计，按照中国注册会计师审计准则的要求，应当询证本公司与贵公司的往来账项等事项。下列数据出自本公司账簿记录，如与贵公司记录相符，请在本函下端“信息证明无误”处签章证明；如有不符，请在“信息不符”处列明不符金额。回函请直接寄至东方会计师事务所。

回函地址：北京市东长安街156号经审大厦

邮编：100006　电话：010-67534886　传真：010-67534886　联系人：赵健

1. 本公司与贵公司的往来账项列示如下：

单位：元

截止日期	贵公司欠	欠贵公司	备注
202×年12月31日	1 806 280.00	7 820 000.00	

2. 其他事项：

本函仅为复核账目之用，并非催款结算。若款项在上述日期之后已经付清，仍请及时函复为盼，并注明付款的情况，以便查对。

大华钢铁公司 财务专用章

（公司盖章）

202×+1年2月20日

结论：

1. 信息证明无误

（公司盖章）

年　　月　　日

经办人：

2. 信息不符，请列明不符的详细情况

截至202×年12月31日，我公司欠贵公司货款为1 865 830.00元，贵公司欠我公司货款余额为7 820 000.00元。

华钢工贸股份有限公司 财务专用章

（公司盖章）

202×+1年2月24日

经办人：张然

注：经进一步核实，华钢工贸股份有限公司与被审计单位提供账户余额不符的原因，属于记账时间的差异，不视为错报。

企业询证函

编号：3

前程建筑公司：

本公司聘请的东方会计师事务所正在对本公司202×年度财务报表进行审计，按照中国注册会计师审计准则的要求，应当询证本公司与贵公司的往来账项等事项。下列数据出自本公司账簿记录，如与贵公司记录相符，请在本函下端"信息证明无误"处签章证明；如有不符，请在"信息不符"处列明不符金额。回函请直接寄至东方会计师事务所。

回函地址：北京市东长安街156号经审大厦

邮编：100006 电话：010-67534886 传真：010-67534886 联系人：赵健

1. 本公司与贵公司的往来账项列示如下：

单位：元

截止日期	贵公司欠	欠贵公司	备注
202×年12月31日	0.00	0.00	

2. 其他事项：

本函仅为复核账目之用，并非催款结算。若款项在上述日期之后已经付清，仍请及时函复为盼，并注明付款的情况，以便查对。

大华钢铁公司 财务专用章

（公司盖章）

202×+1年2月20日

结论：

1. 信息证明无误

前程建筑公司 财务专用章

（公司盖章）

202×+1年2月25日

经办人：牛晨

2. 信息不符，请列明不符的详细情况

（公司盖章）

年 月 日

经办人：

企业询证函

编号：4

沈阳漫源物资经销公司：

本公司聘请的东方会计师事务所正在对本公司202×年度财务报表进行审计，按照中国注册会计师审计准则的要求，应当询证本公司与贵公司的往来账项等事项。下列数据出自本公司账簿记录，如与贵公司记录相符，请在本函下端“信息证明无误”处签章证明；如有不符，请在“信息不符”处列明不符金额。回函请直接寄至东方会计师事务所。

回函地址：北京市东长安街156号经审大厦

邮编：100006　电话：010-67534886　传真：010-67534886　联系人：赵健

1. 本公司与贵公司的往来账项列示如下：

单位：元

截止日期	贵公司欠	欠贵公司	备注
202×年12月31日	0.00	0.00	

2. 其他事项：

本函仅为复核账目之用，并非催款结算。若款项在上述日期之后已经付清，仍请及时函复为盼，并注明付款的情况，以便查对。

大华钢铁公司 财务专用章

（公司盖章）

202×+1年2月20日

结论：

1. 信息证明无误

沈阳漫源物资经销公司 财务专用章

（公司盖章）

202×+1年2月23日

经办人：吴伟航

2. 信息不符，请列明不符的详细情况

（公司盖章）

年　月　日

经办人：

企业询证函

编号：5

光彩矿石公司：

本公司聘请的东方会计师事务所正在对本公司202×年度财务报表进行审计，按照中国注册会计师审计准则的要求，应当询证本公司与贵公司的往来账项等事项。下列数据出自本公司账簿记录，如与贵公司记录相符，请在本函下端“信息证明无误”处签章证明；如有不符，请在“信息不符”处列明不符金额。回函请直接寄至东方会计师事务所。

回函地址：北京市东长安街156号经审大厦

邮编：100006　电话：010-67534886　传真：010-67534886　联系人：赵健

1. 本公司与贵公司的往来账项列示如下：

单位：元

截止日期	贵公司欠	欠贵公司	备注
202×年12月31日	0.00	0.00	

2. 其他事项：

本函仅为复核账目之用，并非催款结算。若款项在上述日期之后已经付清，仍请及时函复为盼，并注明付款的情况，以便查对。

大华钢铁公司 财务专用章

（公司盖章）

202×+1年2月20日

结论：

1. 信息证明无误

光彩矿石公司 财务专用章

（公司盖章）

202×+1年2月23日

经办人：孟欣

2. 信息不符，请列明不符的详细情况

（公司盖章）

年　月　日

经办人：

二、购货与付款循环审计

（一）“预付账款”审计业务相关资料

1. 预付账款账龄情况

山西大同矿预付账款的余额为34 135.60元，账龄为3年；鞍山矿预付账款的余额为197 299.90元，账龄为1年以内。保险费和消防费40 600.00元，账龄为1年以内。

2. 预付账款函证情况

（1）预付账款发函记录

	山西大同煤矿公司		鞍山煤矿公司	
发函时间	第一次	第二次	第一次	第二次
	202×+1. 2. 22		202×+1. 2. 22	202×+1. 2. 25
发函人	陈思思		陈思思	

（2）预付账款询证函回函

企业询证函

编号：1

山西大同煤矿公司：

本公司聘请的东方会计师事务所正在对本公司202×年度财务报表进行审计，按照中国注册会计师审计准则的要求，应当询证本公司与贵公司的往来账项等事项。下列数据出自本公司账簿记录，如与贵公司记录相符，请在本函下端“信息证明无误”处签章证明；如有不符，请在“信息不符”处列明不符金额。回函请直接寄至东方会计师事务所。

回函地址：北京市东长安街156号经审大厦

邮编：100006　电话：010-67534886　传真：010-67534886　联系人：赵健

1. 本公司与贵公司的往来账项列示如下：

单位：元

截止日期	贵公司欠	欠贵公司	备注
202×年12月31日	34 135.60	0.00	

2. 其他事项：

本函仅为复核账目之用，并非催款结算。若款项在上述日期之后已经付清，仍请及时函复为盼，并注明付款的情况，以便查对。

（公司盖章）

202×+1年2月22日

结论：

1. 信息证明无误

（公司盖章）

年　月　日

经办人：

2. 信息不符，请列明不符的详细情况

截至202×年12月31日，我公司预收贵公司货款余额为零。我公司已于12月30日发货，价值50 000.00元。

（公司盖章）

202×+1年2月27日

经办人：周其

注：后经检查相关凭证（略），证明于12月31日收到价值50 000.00元的货物，但企业未作暂估入账处理。

（二）“固定资产”及“累计折旧”审计相关资料

固定资产明细表

金额单位：万元

时间：202×+1 年 2 月 20 日　　　　审计人员：刘力等 3 名注册会计师

使用部门	固定资产名称	计量单位	数量	金额	备注
炼铁车间	厂房	幢	1	500	
	1#高炉	个	1	890	
	2#高炉	个	1	527	
小计				1 917	
炼钢车间	厂房	幢	1	320	
	转炉	个	2	680	
	连铸机	台	2	820	
小计				1 820	
轧钢车间	厂房	幢	1	250	
	轧机	台	3	320	
	加热炉	个	1	580	
小计				1 150	
机修车间	厂房	幢	1	100	
	铸机	台	5	180	
	磨床	台	2	82.31	
小计				362.31	
供电车间	配电室设备	台	5	515	
	供电系统	台	2	230	
	仪表	个	10	45	
小计				790	
公司管理部门	办公楼	幢	1	625	
	办公用汽车	台	2	105.70	
	经营用车	台	8	319.49	
小计				1 050.19	
福利部门	医务所设备	台	4	80	
	食堂设备	台	10	60.50	
	电烤炉	台	1	6	盘盈
小计				146.50	
合计				7 236.00	

注：被审计单位固定资产明细账、总账、盘点记录相符。（明细账、盘点表略）

固定资产及累计折旧明细情况表

202×+1 年 2 月 20 日　　单位：元

固定资产名称	取得时间	使用年限	已计提累计折旧额	已计提减值准备
炼铁车间厂房	202×-3 年 5 月	12 年 7 个月	1 762 500.00	
1#高炉				
2#高炉				
炼钢车间厂房				
转炉				
连铸机	202×-11 年 12 月	10 年	7 790 000.00	520 000.00
轧钢车间厂房				
轧机				
加热炉				
机修车间厂房				
铸机				
磨床				
配电室设备				268 000.00
供电系统				350 000.00
仪表				
办公楼				
办公用汽车				
经营用车				
医务所设备				120 000.00
食堂设备				
电烤炉				
合　计			49 264 003.90	1 258 000.00

注：（1）上述固定资产期末减值准备余额均为 202×-1 年末计提数。

（2）固定资产的残值率均为 5%，该企业固定资产折旧采用直线法。

（3）其他固定资产明细略，只需要测算炼铁车间厂房、连铸机本期计提折旧额的正确性。

（4）炼钢车间连铸机年折旧额近似等于 78 万元。

提示：

炼铁车间厂房：本期累计折旧余额 = 43×3.15 = 135.45（万元）

本期应提折旧 = 12×3.15 = 37.80（万元）

本期已提折旧 = 176.25-31×3.15 = 78.60（万元）

本期多计提折旧 = 78.60-37.80 = 40.80（万元）

连铸机：本期应提折旧 = 820-702（已提）-52（减值）-41（残值）= 25.00（万元）

本期已提折旧 = 779-78×9 = 77.00（万元）

本期多计提折旧 = 77-25 = 52.00（万元）

固定资产共多计提折旧 = 40.80+52.00 = 92.80（万元）

（三）“应付账款”审计相关资料

在存货盘点中，经进一步审查，发现一笔采购煤 20 吨的业务，发货单位抚顺矿，货已到达并验收入库，发票尚未到达，估计价款约 8 000.00 元，被审计单位未予暂估入账。

三、生产与存货循环审计

（一）“存货”审计相关资料

经与大华钢铁公司管理层沟通现制订下列存货监盘计划。

存货监盘计划（简化格式）
一、存货监盘的目标、范围及时间安排 存货监盘的目的是获取大华钢铁公司资产负债表日有关存货数量和存在状况的审计证据。监盘的范围为截至盘点日企业拥有的全部存货。具体监盘时间 202×+1 年 2 月 25 日。 二、存货的要点及关注的事项 由于企业的主要存货有原材料、辅助材料、周转材料、库存商品及在产品，种类较多，盘点工作量大，请相关部门提前做好各项准备工作。 三、参与盘点人员的分工 此次盘点工作共组成 5 个小组，分别负责 5 类存货的盘点工作。每小组由一名注册会计师负责监盘。 四、检查存货的范围 根据监盘的结果，决定抽查其中的 20%，包括在公共仓库和外单位寄销的部分产成品。

存货盘点汇总表

202×+1 年 2 月 25 日

存货种类及名称	计量单位	实际结存	账面结存（自填）
库存商品			
高速线材 ϕ6.5mm	吨	3 300	
普通线材 ϕ8mm	吨	500	
螺纹钢 ϕ12mm	吨	5 102	
螺纹钢 ϕ25mm	吨	400	
花纹板（委托加工）	吨	20	
自制半成品			
钢坯 95#	吨	100	
钢坯 120#	吨	80	
原材料			
锰铁 65#	吨	58	
石灰石	吨	1 000	

续表

存货种类及名称	计量单位	实际结存	账面结存（自填）
铁矿石	吨	497	
白云石	吨	10 000	
硅铁	吨	60	
重油	千克	100	
废钢	吨	500	
焦炭	吨	499.5	
煤	吨	0	
辅助材料			
镀锌铁丝 20#	千克	6 000	
镀锌铁丝 16#	千克	500	
机油	升	1 750	
中轧辊	吨	30	
周转材料			
工作服	套	294	
工作鞋	双	4	
手套	付	256	
保护眼镜	付	34	
毛巾	条	40	

根据盘点记录和注册会计师的监盘情况，决定抽查高速线材 ϕ6.5mm、螺纹钢 ϕ12mm、石灰石、镀锌铁丝 20#、工作服 5 种存货。

202×+1 年 1 月 1 日—2 月 25 日部分存货的收入、发出情况统计表

存货种类及名称	计量单位	收入数量	单价	日期及凭证编号	发出数量	单价	日期及凭证编号
高速线材 ϕ6.5mm	吨	1 000	3 500.00	1 月 1 日 转 2	1 050	3 500.00	1 月 3 日 转 3
螺纹钢 ϕ12mm	吨	3 000	3 100.00	1 月 2 日 转 4	60	3 100.00	1 月 4 日 转 5
石灰石	吨	1 000	125.00	1 月 5 日 转 7			
镀锌铁丝 20#	千克	5 000	3.80	1 月 5 日 转 10			
工作服	套	200	200.00	2 月 20 日 转 5			

（二）计价测试

审计人员决定测试铁矿石、煤、锰铁、重油、普通线材、95#钢坯的计价。

四、货币资金审计

（一）“库存现金”审计相关资料

1. 库存现金盘点情况

盘点时间：202×+1 年 2 月 23 日下午 5 点。

参加人员：财务部负责人石骏，出纳员林立；注册会计师陈思思。

复　　核：刘力。

盘点结果：库存实存 55 672.29 元；其中：100 元 420 张，50 元 180 张，10 元 450 张，5 元 31 张，1 元 17 张（枚），5 分 5 枚，1 分 4 枚。

2. 库存现金收支及账面余额情况

2 月 23 日库存现金账面余额 58 990 元。盘点日未入账的支出凭证 3 张，金额为 6 000 元，其中：一张借据 2 500 元，没有经相关人员批准；2 张付款凭证金额为 3 500 元。盘点日未入账的收入凭证 2 张，金额为 2 682.29 元，其中：一张现金收据面额 1 805.36 元，另有金额为 876.93 元附有出纳员签字的字条，出纳员说属于长款。

经核实该公司的库存限额：50 000 元。

据账面记录：202×+1 年 1 月 1 日—2 月 23 日收入库存现金 119 235.30 元。

202×+1 年 1 月 1 日—2 月 23 日支出库存现金 72 895.30 元。

（二）“银行存款”审计相关资料

1. 函证银行存款

银行询证函

编号：1

中国工商银行滨湖路支行：

本公司聘请的东方会计师事务所正在对本公司 202×年度财务报表进行审计，按照中国注册会计师审计准则的要求，应当询证本公司与贵行的存款、借款往来等事项。下列数据出自本公司账簿记录，如与贵行记录相符，请在本函“信息证明无误”处签章证明；如有不符，请在“信息不符”处列明不符项目。如存在与本公司有关的未列入本函的其他项目，请在“数据不符”处列出这些项目的金额及详细资料。有关询证费用可直接从本公司××存款账户中收取。回函请直接寄至东方会计师事务所。

回函地址：北京市东长安街 156 号经审大厦

邮编：100006　电话：010-67534886　传真：010-67534886　联系人：赵健

截至 202×年 12 月 31 日，本公司银行存款、借款账户余额等列示如下：

1. 银行存款

账户名称	银行账号	币种	利率	余额	起止日期	是否被抵押或质押或其他限制	备注
大华钢铁公司	0001-84497877	人民币		7 217 599.96	活期	否	基本账户

除以上所述，本公司并无其他在贵行的存款。

2. 银行借款

账户名称	币种	本金	利息	借款日期	还款日期	利率	其他借款条件	抵（质）押品/担保人	备注
大华钢铁公司	人民币	5 350 000.00	26 750.00	202×.9.1	202×+1.2.1	6%	信用借款	无	月付息
大华钢铁公司	人民币	3 956 000.00	49 990.00	202×-2.7.1	202×+3.7.1	1.2639%（月利率）	信用借款	无	月付息
大华钢铁公司	人民币	3 000 000.00	12 500.00	202×.12.1	202×+2.12.1	5%	信用借款	无	月付息

除以上所述，本公司并无其他自贵行的银行借款。

3. 截至函证日的一个年度内已注销的账户

账户名称	银行账号	币种	注销账户日

除以上所述，本公司并无其他截至函证日的一个年度内已注销的账户。

大华钢铁公司 财务专用章

（公司盖章）

202×+1 年 2 月 20 日

结论：

1. 信息证明无误

（银行盖章）

年 月 日

经办人：

2. 信息不符，请列明不符项目及具体内容（其他未在本函列出的项目，请列出金额及详细资料）

截至 202×年 12 月 31 日，贵公司在我行的银行存款余额为 7 891 551.96 元。

截至 202×年 12 月 31 日，贵公司在我行的银行借款余额为 12 306 000.00 元。

中国工商银行××湖路支行

（银行盖章）

202×+1 年 2 月 24 日

经办人：李丽

2. 银行存款余额调节

本公司不定期与银行对账。注册会计师抽查了12月1—5日和最后一张银行对账单及银行存款余额调节表。

中国工商银行（滨湖路支行）对账单

账号：0001-84497877　　单位名称：大华钢铁公司　　币种：人民币

202×年	凭证种类	凭证号	发生额		余额	记账员
日期			借方	贷方		
1220	（略）	（略）			5 784 695.56	0023
1220				805 464.00	6 590 159.56	0023
1221			24 150.00		6 566 009.56	0023
1224			50 000.00		6 516 009.56	0023
1226			46 800.00		6 469 209.56	0023
1227			146 809.60		6 322 399.96	0023
1227			457 800.00		5 864 599.96	0023
1228				1 353 000.00	7 217 599.96	0023

五、出具审计报告

经与管理层沟通，大华钢铁公司同意接受审计调整。东方会计师事务所根据上述审计结果，经审计项目组讨论，确定审计意见类型，并出具审计报告。

审计报告参考格式如下：

审计报告

××股份有限公司全体股东：

一、对财务报表审计的报告

（一）审计意见

我们审计了××股份有限公司（以下简称××公司）财务报表，包括202×年12月31日的资产负债表，202×年度的利润表、现金流量表、所有者权益变动表以及财务报表附注。

我们认为后附的财务报表在所有重大方面按照企业会计准则的规定编制，公允反映了公司202×年12月31日的财务状况以及202×年度的经营成果和现金流量。

（二）形成审计意见的基础

我们按照中国注册会计师审计准则的规定执行了审计工作。审计报告的注册会计师对财务报表审计的责任部分进一步阐述了我们在这些准则下的责任。按照中国注册会计师职业道德守则我们独立于××公司并履行了职业道德方面的其他责任。我们相信，我们获取的审计证据是充分、适当的，为发表审计意见提供了基础。

（三）关键审计事项

关键审计事项是根据我们的职业判断，认为对本期财务报表审计最为重要的事项。这些事项是在对财务报表整体进行审计并形成意见的背景下进行处理的，我们不对这些事项提供单独的意见。

[按照《中国注册会计师审计准则第 1504 号——在审计报告中沟通关键审计事项》的规定描述每一关键审计事项。]

（四）管理层和治理层对财务报表的责任

管理层负责按照企业会计准则的规定编制财务报表，使其实现公允反映，并设计、执行和维护必要的内部控制，以使财务报表不存在由于舞弊或错误导致的重大错报。

在编制财务报表时，管理层负责评估公司的持续经营能力，披露与持续经营相关的事项（如适用），并运用持续经营假设，除非管理层计划清算公司、停止营运或别无其他现实的选择。

治理层负责监督公司的财务报告过程。

（五）注册会计师对财务报表审计的责任

我们的目标是对财务报表整体是否不存在由于舞弊或错误导致的重大错报获取合理保证，并出具包含审计意见的审计报告。合理保证是高水平的保证，但并不能保证按照审计准则执行的审计在某一重大错报存在时总能发现。错报可能由舞弊或错误所导致，如果合理预期错报单独或汇总起来可能影响财务报表使用者依据财务报表作出的经济决策，则错报是重大的。

在按照审计准则执行审计的过程中，我们运用了职业判断，保持了职业怀疑。我们同时：

（1）识别和评估由于舞弊或错误导致的财务报表重大错报风险；对这些风险有针对性地设计和实施审计程序；获取充分、适当的审计证据，作为发表审计意见的基础。由于舞弊可能涉及串通、伪造、故意遗漏、虚假陈述或凌驾于内部控制之上，未能发现由于舞弊导致的重大错报的风险高于未能发现由于错误导致的重大错报的风险。

（2）了解与审计相关的内部控制，以设计恰当的审计程序，但目的并非对内部控制的有效性发表意见。

（3）评价管理层选用会计政策的恰当性和作出会计估计及相关披露的合理性。

对管理层使用持续经营假设的恰当性得出结论。同时，基于所获取的审计证据，对是否存在与事项或情况相关的重大不确定性，从而可能导致对公司的持续经营能力产生重大疑虑得出结论。如果我们得出结论认为存在重大不确定性，审计准则要求我们在审计报告中提请报告使用者注意财务报表中的相关披露；如果披露不充分，我们应当发表非无保留意见。我们的结论基于审计报告日可获得的信息。然而，未来的事项或情况可能导致公司不能持续经营。

（4）评价财务报表的总体列报、结构和内容（包括披露），并评价财务报表是否公允反映交易和事项。

除其他事项外，我们与治理层就计划的审计范围、时间安排和重大审计发现（包括我们在审计识别的值得关注的内部控制缺陷）进行沟通。

我们还就遵守关于独立性的相关职业道德要求向治理层提供声明，并就可能被合理认为影响我们独立性的所有关系和其他事项，以及相关的防范措施（如适用）与治理层进行沟通。

从与治理层沟通的事项中，我们确定哪些事项对当期财务报表审计最为重要，因而构成关键审计事项。我们在审计报告中描述这些事项，除非法律法规不允许公开披露这些事项，或在极其罕见的情形下。

如果合理预期在审计报告中沟通某事项造成的负面后果超过产生的公众利益方面的益处，我们确定不应在审计报告中沟通该事项。

二、对其他法律和监管要求的报告

[本部分的格式和内容，取决于法律法规对其他报告责任的性质的规定。法律法规规范的事项（其他报告责任）应当在本部分处理，除非那些其他报告责任与审计准则所要求的报告责任涉及相同的主题。如果涉及相同的主题，其他报告责任可以在审计准则所要求的同一报告要素部分中列示。当其他报告责任和审计准则规定的报告责任涉及同一主题，并且审计报告中的措辞能够将其他报告责任与审计准则规定的责任予以清楚地区分（如差异存在）时，允许将两者合并列示（即包含在对财务报表审计的报告部分中，并使用适当的副标题）。]

负责审计并出具审计报告的项目合伙人是[姓名]。

××会计师事务所　　　　　　　　　　中国注册会计师：×××
（盖章）　　　　　　　　　　　　　　（签名并盖章）
　　　　　　　　　　　　　　　　　　中国注册会计师：×××
　　　　　　　　　　　　　　　　　　（签名并盖章）

中国××市　　　　　　　　　　　　　　二〇二×年××月××日

第三单元

可选用的审计工作底稿

一、销售与收款循环主要项目审计工作底稿

（一）“营业收入”审计工作底稿

1. 营业收入审定表（H011）
2. 主营业务收入明细表（H012）
3. 其他业务收入明细表（H013）
4. 月度毛利率分析表（H015）
5. 营业收入真实性检查情况表（H016）
6. 营业收入完整性检查情况表（H017）
7. 主营业务收入截止测试表（H0181）

扫码看提示

（二）“应收账款”审计工作底稿

1. 应收账款审定表（E041）
2. 应收账款明细表（E042）
3. 应收账款函证结果汇总表（E043）
4. 应收账款函证结果调节表（E045）
5. 应收账款替代测试表（E046）
6. 应收账款坏账准备计算表（E047）

扫码看提示

（三）“应交税费”审计工作底稿

1. 应交税费审定表（F071）
2. 应交税费明细表（F072）
3. 应交增值税明细表（F073）
4. 应交增值税销项税额测算表（F074）
5. 应交所得税测算表（F075）

扫码看提示

二、购货与付款循环主要项目审计工作底稿

（一）“固定资产”及“累计折旧”审计工作底稿

1. 固定资产审定表（E151）
2. 固定资产、累计折旧及减值准备明细表（E152）

3. 固定资产盘点检查情况表（E153）
4. 固定资产增加检查表（E154）
5. 固定资产减少检查表（E155）
6. 折旧计算检查表（E157）

扫码看提示

（二）“应付账款”审计工作底稿

1. 应付账款审定表（F041）
2. 应付账款明细表（F042）
3. 未入账应付账款汇总表（F047）

扫码看提示

（三）“预付账款”审计工作底稿

1. 预付账款审定表（E051）
2. 预付账款明细表（E052）
3. 预付账款函证结果汇总表（E054）
4. 预付账款替代测试表（E056）

扫码看提示

三、生产与存货循环主要项目审计工作底稿

（一）“存货”审计工作底稿

1. 存货审定表（E091）
2. 存货明细表（E093）
3. 存货入库截止测试表（E0941）
4. 存货出库截止测试表（E0942）
5. 存货监盘结果汇总表（E0952）
6. 存货明细账与盘点报告（记录）核对表（E0953）
7. 存货抽盘核对表（E0954）
8. 存货计价测试表（E0971）

扫码看提示

（二）“生产成本”审计工作底稿

1. 生产成本检查表（E099）
2. 直接材料成本检查情况表（E0991）
3. 直接人工成本检查情况表（E0992）
4. 制造费用明细表（E0993）
5. 制造费用检查情况表（E0994）

扫码看提示

四、货币资金主要项目审计工作底稿

1. 货币资金审定表（E011）
2. 库存现金监盘表（E012）
3. 对银行存款余额调节表的检查（E015）
4. 银行存款函证结果汇总表（E016）
5. 货币资金收支检查情况表（E018）

扫码看提示

■ 五、审计完成阶段审计工作底稿

1. 账项调整分录汇总表（A3）
2. 重分类调整分录汇总表（A4）
3. 列报调整汇总表（A5）
4. 未更正错报汇总表（A6）
5. 资产负债表试算平衡表（A7）
6. 利润表试算平衡表（A8）

扫码看提示

根据审计工作流程，我们绘制了审计工作底稿流程图，如图 3-1 所示。

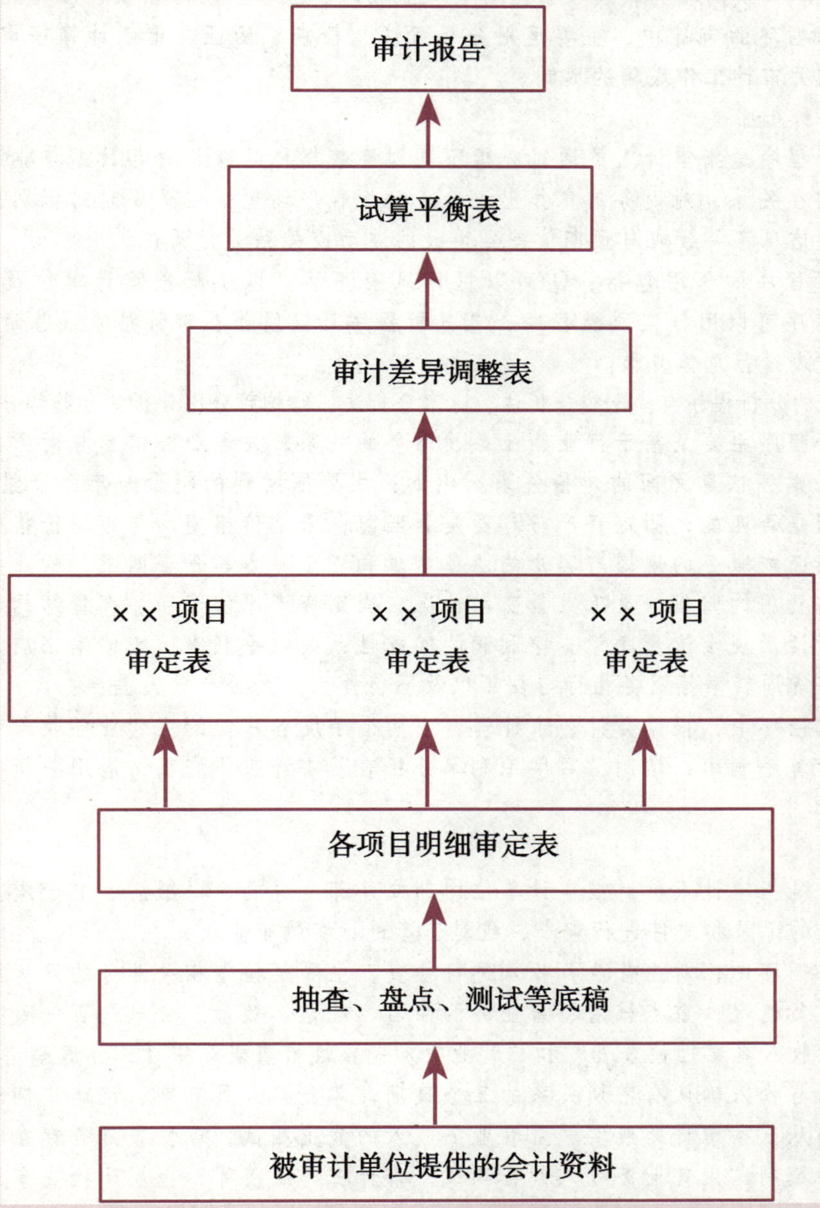

图 3-1　审计工作底稿流程图

学以致用3-1

销售与收款循环审计工作底稿相关知识点

销售与收款业务循环，对大多数企业而言，通常属于重大的业务循环，审计人员需要实现与管理层认定相关的六个审计目标：发生、完整性、准确性、截止、分类、列报。涉及的相关报表项目主要有营业收入、应收和预付账项、应交税费等。

在本循环的审计中，主要运用分析程序、检查、函证、重新计算等审计程序，应完成相关审计工作底稿的填制。

1.分析程序

分析程序是指审计人员通过分析不同财务数据之间以及财务数据与非财务数据之间的内在关系，对财务信息作出评价。分析程序还包括在必要时对识别出的、与其他相关信息不一致或与预期值差异重大的波动或关系进行调查。

分析程序的作用包括：①可以用作风险评估，以了解被审计单位及其环境；②分析程序可以用作实质性程序；③分析程序可以用作在审计结束或临近结束时，对财务报表进行总体复核。

常见的分析程序有：比较分析法、比率分析法、结构百分比分析法和趋势分析法等。

分析程序主要是基于行业、业务、财务的关系，关注业务信息与财务信息的相互印证、财务信息之间的勾稽关系。比如：主要原材料的耗量与产品产量、销量、收入之间是否匹配；固定资产与产能是否匹配；采购价格变动与市场价格变动是否匹配；产品或服务的规模与客户的业务需求和资金实力等是否匹配；营业务收入与相关成本费用的归集、员工数量变动情况、固定资产原值变动、存货结构等是否匹配；经营活动现金流量净额与净利润的匹配性；关注毛利率、负债率、应收账款周转率、存货周转率等财务指标与往年以及同行业相比是否有重大差异。

在本循环中，根据会计、审计资料中两个年度各月份的主营业务收入和主营业成本，计算毛利率，填制"月度毛利率分析表"审计工作底稿，应用分析程序进行波动分析。

2.检查

检查是指审计人员对被审计单位内部或外部生成的，以纸质、电子或其他介质形式存在的记录和文件进行审查，或对资产进行实物审查。

在本循环中，对主营业务收入进行检查，主要是检查相关业务的发货票、销货合同、发货情况，重点核对销售业务的品名、规格、数量、金额是否一致，并填制了"营业收入真实性检查表"和"营业收入完整性检查表"审计工作底稿。

根据与收入确认有密切关系的三个日期，即发票开具日期、记账日期和发货日期，分别从三条审计路线实施主营业务收入的截止测试，以检查是否存在收入跨期的问题。填制"主营业务收入截止测试"审计工作底稿等，也属于检查审计程序的应用。

3. 函证

函证是指审计人员直接从第三方（被询证者）获取书面答复以作为审计证据的过程，书面答复可以采用纸质、电子或其他介质等形式。函证分为积极函证的方式和消极函证的方式。在积极函证方式下，如果未收到被询证方回函，审计人员应当实施替代程序。

在本循环中，根据“应收账款”明细账，进行账龄分析，应用函证审计程序，需要填制“应收账款函证结果汇总表”和“应收账款函证结果调节表”审计工作底稿，针对未回函询证进行替代程序，填制“应收账款替代测试表”审计工作底稿。

4. 重新计算

重新计算是指审计人员对记录和文件中的数据计算准确性进行核对，重新计算可以通过手工和电子方式进行。

在本循环中，对于坏账准备和计提情况的审计，运用分析、重新计算的审计程序进行核实，审计人员应计算出正确的本期计提坏账准备额，与企业的实际计提额进行对比，针对多提或少提的情况进行审计调整，填制“应收款账坏账计算表”审计工作底稿。

销售与收款循环审计工作底稿之间的关系，如图3-2所示。

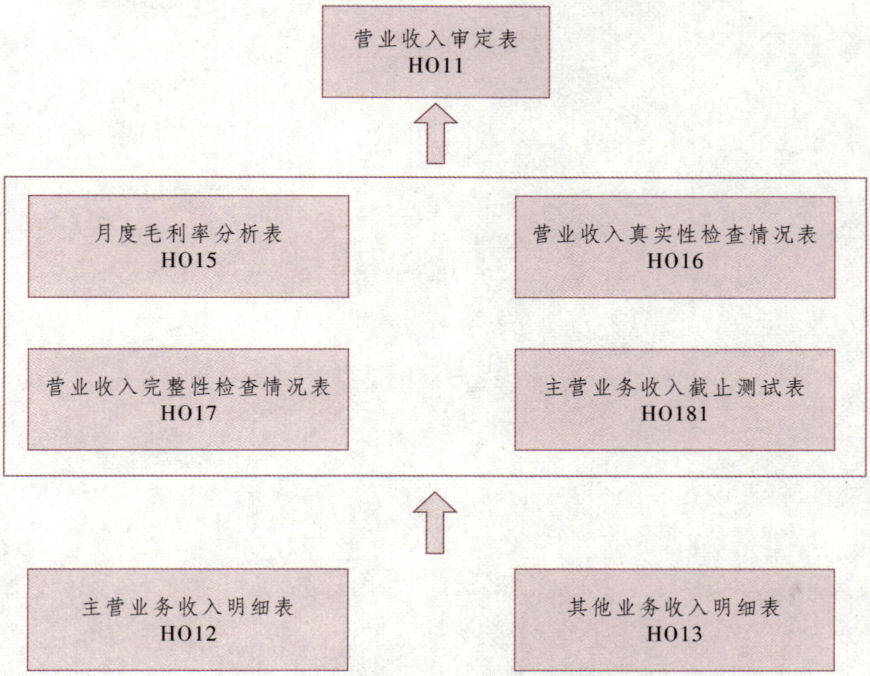

图3-2　销售与收款循环审计工作底稿之间的关系图

（以营业收入审计工作底稿为例）

营业收入审定表

被审计单位：	索引号：H011
项目：营业收入审定表	财务报表截止日/期间：
编制：	复核：
日期：	日期：

项目类别	本期未审数	账项调整		本期审定数	上期审定数	索引号
		借方	贷方			
一、主营业务收入						
小　计						
二、其他业务收入						
小　计						
营业收入合计						

审计结论：

主营业务收入明细表

被审计单位：________ 索引号：H012

项目：主营业务收入明细表 财务报表截止日/期间：________

编制：________ 复核：________

日期：________ 日期：________

月份	主营业务收入明细项目											
	合计											
1月												
2月												
3月												
4月												
5月												
6月												
7月												
8月												
9月												
10月												
11月												
12月												
合计												
上期数												
变动额												
变动比例												

审计说明：

其他业务收入明细表

被审计单位：	索引号：H013
项目：其他业务收入明细表	财务报表截止日/期间：
编制：	复核：
日期：	日期：

种类	本期数		上期数	
	金额	结构比	金额	结构比
出租固定资产				
出租无形资产				
出租包装物和商品				
销售材料				
用材料进行非货币性资产交换				
用材料进行债务重组				
销售安装 C 工程				
废钢调剂销售				
房租收入				
⋮				
合计				

月度毛利率分析表

被审计单位：	索引号：H015
项目：月度毛利率分析表	财务报表截止日/期间：
编制：	复核：
日期：	日期：

月份	本期数				上期数				变动幅度
	主营业务收入	主营业务成本	毛利	毛利率	主营业务收入	主营业务成本	毛利	毛利率	
1									
2									
3									
4									
5									
6									
7									
8									
9									
10									
11									
12									
合计									

审计说明：

工作底稿填制讲解 1
月度毛利率分析表

营业收入真实性检查情况表

被审计单位：________ 索引号：H016

项目：营业收入真实性检查情况表 财务报表截止日/期间：________

编制：________ 复核：________

日期：________ 日期：________

日期	凭证编号	单位名称	核对明细账				核对发货单			核对合同			核对发货票		对应科目	索引号	备注
			品名	数量	单价	金额	①	②	③	④	⑤	⑥	⑦	⑧			

1. 核对内容说明：(核对内容用"√""×"表示，不适用标 N/A)

①核对发货单品名一致　　④核对合同品名一致　　⑦正确过入明细账

②核对发货单规格一致　　⑤核对合同规格一致　　⑧……

③核对发货单数量一致　　⑥核对合同单价一致

2. 抽查样本量金额：　　收入总额：　　抽查比例：

审计说明：

营业收入完整性检查情况表

被审计单位：	索引号：H017
项目：营业收入完整性检查情况表	财务报表截止日/期间：
编制：	复核：
日期：	日期：

序号	摘要	单位名称	发货单				核对发票			核对合同			核对明细账		对应科目	金额	索引号
			出库日期	品名	规格	数量	①	②	③	④	⑤	⑥	⑦	⑧			

1. 核对内容说明：(核对内容用"√""×"表示，不适用标 N/A)

①核对发票品名一致　　④核对合同品名一致　　⑦正确过入明细账

②核对发票规格一致　　⑤核对合同规格一致　　⑧……

③核对发票数量一致　　⑥核对合同单价与发票单价一致

2. 抽查样本量金额：　　收入总额：　　抽查比例：

审计说明：

主营业务收入截止测试表

被审计单位：____________________　　　　索引号：　　H0181　　

项目：　主营业务收入截止测试　　　　　财务报表截止日/期间：____________________

编制：____________________　　　　　　复核：____________________

日期：____________________　　　　　　日期：____________________

编号	发货单		发票内容					明细账				是否跨期(用“√”“×”表示)
	日期	号码	日期	客户名称	货物名称	销售额	税额	日期	凭证号	主营业务收入	应交税费	
截止日前												
截止日期:20××年×月×日												
截止日后												

注:从发货单到明细账。

审计说明：

应收账款审定表

被审计单位：	索引号：E041
项目：应收账款审定表	财务报表截止日/期间：
编制：	复核：
日期：	日期：

项目名称	期末未审数	账项调整		重分类调整		期末审定数	上期末审定数	索引号
		借方	贷方	借方	贷方			
一、账面余额合计								
1年以内								
1年至2年								
2年至3年								
3年以上								
⋮								
二、坏账准备								
1年以内								
1年至2年								
2年至3年								
3年以上								
⋮								
三、账面价值合计								
1年以内								
1年至2年								
2年至3年								
3年以上								
⋮								

审计结论：

应收账款明细表

被审计单位：________　　　　索引号：E042

项目：应收账款明细表　　　　财务报表截止日/期间：________

编制：________　　　　复核：________

日期：________　　　　日期：________

项目名称	期末未审数					账项调整		重分类调整		期末审定数				
	合计	1 年以内	1 年至 2 年	2 年至 3 年	3 年以上	借方	贷方	借方	贷方	合计	1 年以内	1 年至 2 年	2 年至 3 年	3 年以上
一、关联方														
二、非关联方														
合　计														

编制说明：外币应收账款应列明原币金额及折算汇率。

审计说明：

应收账款函证结果汇总表

被审计单位：________________　　索引号：　　E043
项目：　应收账款函证结果汇总表　　财务报表截止日/期间：________________
编制：________________　　复核：________________
日期：________________　　日期：________________

一、应收账款函证情况列表

项目 单位名称	询证函编号	函证方式	函证日期		回函日期	账面金额	回函金额	经调节后是否存在差异	调节表索引号
			第一次	第二次					

二、对误差的分析

项目	金额
1. 已识别的误差	
2. 推断出的总体误差（扣除已识别的误差）	

审计说明：

工作底稿填制讲解2
应收账款函证结果汇总表

应收账款函证结果调节表

被审计单位：	索引号：E045
项目：应收账款函证结果调节表	财务报表截止日：
编制：	复核：
日期：	日期：

被询证单位：______

回函日期：______

1. 被询证单位回函余额：______
2. 减：被询证单位已记录项目

序号	日期	摘要（运输途中、存在争议的项目等）	凭证号	金额
1				
2				
3				
4				
合计				

3. 加：被审计单位已记录项目

序号	日期	摘要（运输途中、存在争议的项目等）	凭证号	金额
1				
2				
3				
⋮				
合计				

4. 调节后金额______
5. 被审计单位账面余额______
6. 调节后是否存在差异，差异金额______

审计说明：

应收账款替代测试表

被审计单位：	索引号：E046
项目：应收账款替代测试表	财务报表截止日/期间：
编制：	复核：
日期：	日期：

一、期初余额							
二、借方发生额							
入账金额				检查内容（用“√”“×”表示）			
序号	日期	凭证号	金额	①	②	③	…
1							
2							
3							
⋮							
小计							
全年借方发生额合计							
测试金额占全年借方发生额的比例							
三、贷方发生额							
入账金额				检查内容（用“√”“×”表示）			
序号	日期	凭证号	金额	①	②	③	…
1							
2							
3							
⋮							
小计							
全年贷方发生额合计							
测试金额占全年贷方发生额的比例							
四、期末余额							
五、期后收款检查							
检查内容说明：①原始凭证是否齐全；②记账凭证与原始凭证是否相符；③账务处理是否正确；④是否记录于恰当的会计期间；⑤……							

审计说明：

应收账款坏账准备计算表

被审计单位：	索引号：E047
项目：应收账款坏账准备计算表	财务报表截止日/期间：
编制：	复核：
日期：	日期：

计算过程					索引号
一、坏账准备本期期末应有金额①=②+③					
1. 期末单项金额重大且有客观证据表明发生了减值的应收账款对应坏账准备的应有余额					
单位名称		金额			
单位甲					
单位乙					
⋮					
合计②					
2. 期末单项金额非重大以及经单独测试后未减值的单项金额重大的应收账款对应坏账准备的应有余额					
项目	账龄	应收账款余额	坏账准备计提比例	坏账准备应有余额	
应收账款	1年以内（含1年）				
	1—2年（含2年）				
	2—3年（含3年）				
	3年以上				
	合计③				
二、坏账准备上期审定数④					
三、本期转出（核销）的金额					
单位名称		金额			
单位丙					
单位丁					
⋮					
合计⑤					
四、计算坏账准备本期全部应计提金额					
⑥=①-④+⑤					

审计说明：

应交税费审定表

被审计单位：＿＿＿＿＿＿ 索引号：F071

项目：应交税费审定表 财务报表截止日/期间：＿＿＿＿＿＿

编制：＿＿＿＿＿＿ 复核：＿＿＿＿＿＿

日期：＿＿＿＿＿＿ 日期：＿＿＿＿＿＿

项目名称	期末未审数	账项调整		重分类调整		期末审定数	上期末审定数	索引号
		借方	贷方	借方	贷方			
1. 企业所得税								
2. 增值税								
3. 消费税								
4. 资源税								
5. 土地增值税								
6. 土地使用税								
7. 房产税								
8. 车船税								
9. 城市维护建设税								
10. 教育费附加								
11. 矿产资源补偿费								
12. 代扣代缴个人所得税								
⋮								
合计								

审计结论：

应交税费明细表

被审计单位：		索引号：	F072
项目：	应交税费明细表	财务报表截止日/期间：	
编制：		复核：	
日期：		日期：	

项目名称	期初余额	期末余额
一、未交税费		
1. 企业所得税		
2. 增值税		
3. 消费税		
4. 资源税		
5. 土地增值税		
6. 土地使用税		
7. 房产税		
8. 车船税		
9. 城市维护建设税		
10. 教育费附加		
11. 矿产资源补偿费		
⋮		
合　计		
二、代扣代缴税费		
1. 个人所得税		
⋮		
合　计		

审计说明：

应交增值税明细表

被审计单位：______　　索引号：F073

项目：应交增值税明细表　　财务报表截止日/期间：______

编制：______　　复核：______

日期：______　　日期：______

项目	本期数	备注
一、应交增值税		
1. 年初未抵扣数（用“-”反映）		
2. 销项税额		
出口退税		
进项税额转出		
转出多交增值税		
3. 进项税额		
已交税金		
减免税款		
出口抵减内销产品应纳税额		
转出未交增值税		
4. 期末未抵扣数（多交数用“-”反映）		
二、未交增值税		
1. 年初未交数（多交数用“-”反映）		
2. 本期转入数（多交数用“-”反映）		
3. 本期已交数		
4. 期末未交数（多交数用“-”反映）		

审计说明：

应交增值税销项税额测算表

被审计单位：

项目：应交增值税销项税额测算表

编制：

日期：

索引号：F074

财务报表截止日/期间：

复核：

日期：

<table>
<tr><th>项目</th><th>销售品种</th><th>收入</th><th>税率</th><th>应交增值税——销项税额</th></tr>
<tr><td colspan="5">一、测算数</td></tr>
<tr><td rowspan="6">1. 主营业务收入</td><td></td><td></td><td>13%</td><td></td></tr>
<tr><td></td><td></td><td></td><td></td></tr>
<tr><td></td><td></td><td></td><td></td></tr>
<tr><td></td><td></td><td></td><td></td></tr>
<tr><td></td><td></td><td></td><td></td></tr>
<tr><td colspan="3">小计</td><td></td></tr>
<tr><td rowspan="3">2. 其他业务收入</td><td></td><td></td><td rowspan="2">13%</td><td></td></tr>
<tr><td></td><td></td><td></td></tr>
<tr><td colspan="3">小计</td><td></td></tr>
<tr><td rowspan="3">3. 其他</td><td>固定资产中的游艇、摩托车</td><td></td><td>4%再减半</td><td></td></tr>
<tr><td></td><td></td><td></td><td></td></tr>
<tr><td colspan="3">小计</td><td rowspan="2"></td></tr>
<tr><td>4. 减：免税收入</td><td></td><td></td><td></td></tr>
<tr><td colspan="4">合计</td><td></td></tr>
<tr><td colspan="4">二、未审数</td><td></td></tr>
<tr><td colspan="4">三、差异额</td><td></td></tr>
<tr><td colspan="4">四、差异率</td><td></td></tr>
<tr><td colspan="5">差异分析：</td></tr>
</table>

审计说明：

<table>
<tr><td></td></tr>
</table>

应交所得税测算表

被审计单位：________　　索引号：F075

项目：应交所得税测算表　　财务报表截止日/期间：________

编制：________　　复核：________

日期：________　　日期：________

内容	行次	金额	索引号	备注
一、审计前利润总额	(1)			
加：审计调整因素	(2)			
1.	(3)			
2.	(4)			
3.	(5)			
4.	(6)			
5.	(7)			
6.	(8)			
7.	(9)			
8.	(10)			
9. 其他	(11)			
小　计	(12)	—		
二、审计后利润总额	(13) = (1) + (12)	—		
加：纳税调整增加额	(14)			
减：纳税调整减少额	(15)			
三、纳税调整后所得	(16) = (13) + (14) - (15)	—		
减：弥补以前年度亏损	(17)			
减：免税所得	(18)			
加：应补税投资收益已缴所得税额	(19)			
减：允许扣除的公益救济性捐赠额	(20)			
减：加计扣除额	(21)			
四、应纳税所得额	(22) = (16) - (17) - (18) + (19) - (20) - (21)	—		
适用税率	(23)			
五、境内所得应纳所得税额	(24) = (22) × (23)	—		
减：境内投资所得抵免税额	(25)			
加：境外所得应纳所得税额	(26)			
减：境外所得抵免税额	(27)			
六、境内、外所得应纳所得税额	(28) = (24) - (25) + (26) - (27)	—		
减：减免所得税额	(29)			
七、实际应纳所得税额	(30) = (28) - (29)	—		

审计说明：

务实悟思 3-1

通过学习“销售与收款循环审计”，在应用审计各程序（通过填制工作底稿完成）后我们发现，被审计企业存在“虚增收入”和“坏账准备计算错误”等问题。通常，收入交易或认定往往是舞弊风险高发的重灾区。当企业难以实现预期利润目标时，有时会通过虚假记录或提前确认收入（发生、截止）的方式高估收入；当企业想降低税负时，有时会通过隐瞒收入（完整性）的方式低估收入；当企业想在各年度之间进行利润平衡时，又可能推迟或提前确认收入（发生、截止）。

请阅读“广东正中珠江审计康美药业案例”后完成下列思考题。

1.通过阅读该案例，你对所学“函证”审计程序有什么新的认识？

2.在审计实务工作中，为了降低成本，通过对应收账款余额的函证为营业收入认定提供相互印证的审计证据，你认为是可行的吗？

3.注册会计师苏创升在审计中的主要过错是什么？你认为实际工作中应如何保持审计的“独立性”？

广东正中珠江审计康美药业案例

学以致用3-2

购货与付款循环审计工作底稿相关知识点

企业的购货与付款循环包括购买材料、商品、劳务和固定资产，以及企业在经营活动中为获取收入而发生的直接支出和间接支出。采购业务是生产经营活动的起点，由于支出存在质量、数量和发生频率的多样性，所以，采购业务是审计的重点。审计人员需要实现与管理层认定相关的六个审计目标：存在、完整性、计价和分摊、权利和义务、分类、列报。涉及的相关报表项目主要有固定资产及累计折旧、应付账款、预付账款等。

在本循环的审计中，主要运用检查、函证、观察（监盘）、重新计算等审计程序，应完成相关审计工作底稿的填制。

1.检查

在本循环中，应用检查审计程序，重点检查固定资产的增加、减少情况，填制"固定资产增加检查表"和"固定资产减少检查表"等审计工作底稿。

对于应付账款的审计，重大错报风险常常集中表现在低估负债：①遗漏交易，如未记录已收取货物但尚未收到发票的与采购相关的负债等；②采用不正确的费用支出截止期，如本期的支出延迟到下期确认；③将应当及时确认损益的费用性支出资本化，然后通过资产的逐步摊销予以消化等。

在本循环中，应用检查审计程序，填制"未入账应付账款"审计工作底稿，并对应付账款进行是否需要重分类的检查。

2.函证

在本循环中，应用函证审计程序，填制"预付账款函证结果汇总表"和"预付账款替代测试表"审计工作底稿，并对预付账款进行重分类。

3.观察（监盘）

观察是指审计人员查看相关人员正在从事的活动或实施的程序。例如，对被审计单位人员执行的固定资产、存货的盘点或控制活动进行观察。

在本循环中，应用观察（监盘）审计程序，填制"固定资产盘点检查表"审计工作底稿。

4.重新计算

在本循环中，应用重新计算审计程序，审计人员计算出本期应计固定资产折旧额后，与企业已提折旧额进行对比，确定本期折旧计提额是否正确，如果出现差异，应补提或冲回，填制"折旧计算检查表"审计工作底稿。

购货与付款循环审计工作底稿之间的关系如图3-3所示。

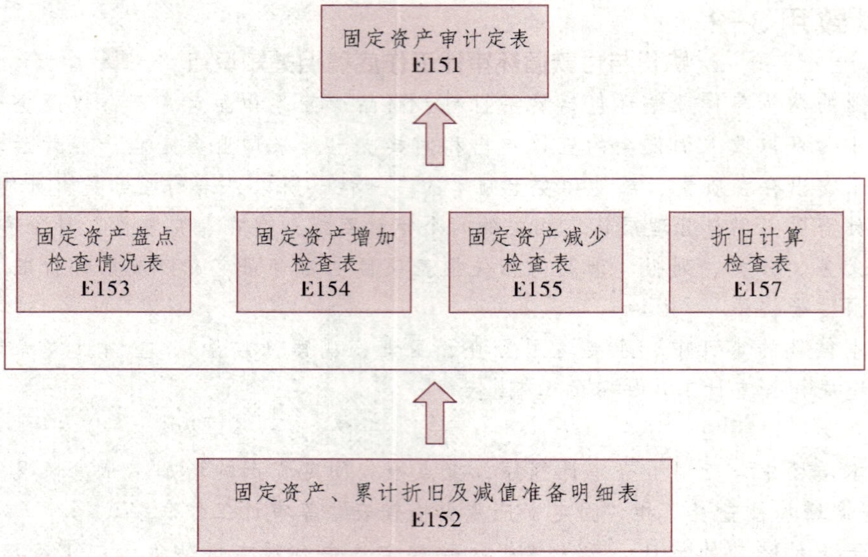

图 3-3 购货与付款循环审计工作底稿之间的关系

（以固定资产审计工作底稿为例）

固定资产审定表

被审计单位：	索引号：E151
项目：固定资产审定表	财务报表截止日/期间：
编制：	复核：
日期：	日期：

项目名称	期末未审数	账项调整		重分类调整		期末审定数
		借方	贷方	借方	贷方	
一、固定资产原价合计						
其中：房屋、建筑物						
机器设备						
运输工具						
二、累计折旧合计						
其中：房屋、建筑物						
机器设备						
运输工具						
三、固定资产减值准备合计						
其中：房屋、建筑物						
机器设备						
运输工具						
四、账面价值合计						
其中：房屋、建筑物						
机器设备						
运输工具						

审计结论：

固定资产、累计折旧及减值准备明细表

被审计单位：	索引号：E152
项目：固定资产、累计折旧及减值准备明细表	财务报表截止日/期间：
编制：	复核：
日期：	日期：

项目名称	期初余额	本期增加	本期减少	期末余额	备注
一、原价合计					
其中：房屋、建筑物					
机器设备					
运输工具					
二、累计折旧合计					
其中：房屋、建筑物					
机器设备					
运输工具					
三、固定资产减值准备合计					
其中：房屋、建筑物					
机器设备					
运输工具					
四、固定资产账面价值合计					
其中：房屋、建筑物					
机器设备					
运输工具					

编制说明：备注栏可填列固定资产的使用年限、剩余使用年限、残值率和年折旧率等情况。

审计说明：

固定资产盘点检查情况表

被审计单位：　　　　　　　　　　索引号：E153

项目：固定资产盘点检查情况表　　财务报表截止日/期间：

编制：　　　　　　　　　　　　　复核：

日期：　　　　　　　　　　　　　日期：

序号	名称	规格型号	计量单位	单价	账面结存		被审计单位盘点			实际检查			备注
					数量	金额	数量	金额	盘亏(+、-)	数量	金额	盘亏(+、-)	

检查时间：　　　　检查地点：　　　　检查人：　　　　盘点检查比例：

审计说明：

固定资产增加检查表

被审计单位：______　　索引号：E154

项目：固定资产增加检查表　　财务报表截止日/期间：______

编制：______　　复核：______

日期：______　　日期：______

固定资产名称	取得日期	取得方式	固定资产类别	增加情况		凭证号	核对内容（用"√""×"表示）							
				数量	原价		1	2	3	4	5	6	7	8

核对内容说明：1. 与发票是否一致；2. 与付款单据是否一致；3. 与购买/建造合同是否一致；4. 与验收报告或评估报告等是否一致；5. 审批手续是否齐全；6. 与在建工程转出数是否一致；7. 会计处理是否正确（入账日期和入账金额）；8. ……

审计说明：

工作底稿填制讲解 3
固定资产增加检查表

固定资产减少检查表

被审计单位:	索引号: E155
项目: 固定资产减少检查表	财务报表截止日/期间:
编制:	复核:
日期:	日期:

固定资产名称	取得日期	处置方式	处置日期	固定资产原价	累计折旧	减值准备	账面价值	处置收入	净损益	索引号	核对内容(用“√”“×”表示)				
											1	2	3	4	5

核对内容说明:1. 与收款单据是否一致;2. 与合同是否一致;3. 审批手续是否完整;4. 会计处理是否正确;5. ……

审计说明:

工作底稿填制讲解 4
固定资产减少检查表

折旧计算检查表

被审计单位：＿＿＿＿＿＿ 索引号：E157

项目：折旧计算检查表 财务报表截止日/期间：＿＿＿＿＿＿

编制：＿＿＿＿＿＿ 复核：＿＿＿＿＿＿

日期：＿＿＿＿＿＿ 日期：＿＿＿＿＿＿

固定资产名称	取得时间	使用年限	固定资产原值	残值率	累计折旧期初余额	减值准备期初余额	本期应提折旧	本期已提折旧	差异

审计说明：

应付账款审定表

被审计单位：________________　　索引号：F041

项目：应付账款审定表　　财务报表截止日/期间：________________

编制：________________　　复核：________________

日期：________________　　日期：________________

项目名称	期末未审数	账项调整		重分类调整		期末审定数	上期末审定数	索引号
		借方	贷方	借方	贷方			
一、关联方								
小计								
二、非关联方								
小计								
合计								

审计结论：

应付账款明细表

被审计单位：		索引号：	F042
项目：	应付账款明细表	财务报表截止日/期间：	
编制：		复核：	
日期：		日期：	

单位名称	借方余额			贷方余额			合计			备注
	原币	汇率	折合本位币	原币	汇率	折合本位币	原币	汇率	折合本位币	
一、关联方										
小计										
二、非关联方										
小计										
合计										

审计说明：

未入账应付账款汇总表

被审计单位：＿＿＿＿＿＿　　索引号：F047

项目：未入账应付账款汇总表　　财务报表截止日/期间：＿＿＿＿＿＿

编制：＿＿＿＿＿＿　　复核：＿＿＿＿＿＿

日期：＿＿＿＿＿＿　　日期：＿＿＿＿＿＿

应付账款单位	业务内容	应付金额	未付及未入账原因

编制说明：本表用来汇总实施审计程序后发现的未入账的应付账款。

审计说明：

预付账款审定表

被审计单位：　　　　　　　　　　　　索引号：E051

项目：预付账款审定表　　　　　　　　财务报表截止日/期间：

编制：　　　　　　　　　　　　　　　复核：

日期：　　　　　　　　　　　　　　　日期：

项目名称	期末未审数	账项调整		重分类调整		期末审定数	上期末审定数	索引号
		借方	贷方	借方	贷方			
一、账面余额合计								
1年以内								
1年至2年								
2年至3年								
3年以上								
⋮								
二、坏账准备合计								
1年以内								
1年至2年								
2年至3年								
3年以上								
⋮								
三、账面价值合计								
1年以内								
1年至2年								
2年至3年								
3年以上								
⋮								

审计结论：

预付账款明细表

被审计单位：______　　索引号：E052

项目：预付账款明细表　　财务报表截止日/期间：______

编制：______　　复核：______

日期：______　　日期：______

项目名称	期末未审数					账项调整		重分类调整		期末审定数				
	合计	1年以内	1年至2年	2年至3年	3年以上	借方	贷方	借方	贷方	合计	1年以内	1年至2年	2年至3年	3年以上
一、关联方														
二、非关联方														
合计														

编制说明：外币预付款项应列明原币金额及折合汇率。

审计说明：

预付账款函证结果汇总表

被审计单位：________________ 索引号：E054

项目：预付账款函证结果汇总表 财务报表截止日/期间：________________

编制：________________ 复核：________________

日期：________________ 日期：________________

发函询证纪要		是否回函	收到回函				未收到回函		审计结论
			可以确认		难以确认				
样本特征	单位名称		回函直接确认	调节后可确认	争议未决金额	其他	执行替代程序	未核实金额	
样本合计									
全年余额									
样本抽取占全年比例									

选取样本特征：A. 大额 B. 异常 C. 账龄长 D. 零账户 E. 随机

审计结论：

预付账款替代测试表

被审计单位：______	索引号：E056
项目：预付账款替代测试表	财务报表截止日/期间：______
编制：______	复核：______
日期：______	日期：______

一、期初余额							
二、借方发生额							
入账金额				检查内容（用“√”“×”表示）			
序号	日期	凭证号	金额	①	②	③	…
1							
2							
3							
小计							
全年借方发生额合计							
测试金额占全年借方发生额的比例							
三、贷方发生额							
入账金额				检查内容（用“√”“×”表示）			
序号	日期	凭证号	金额	①	②	③	…
1							
2							
3							
⋮							
小计							
全年贷方发生额合计							
测试金额占全年贷方发生额的比例							
四、期末余额							
五、期后收款检查							
检查内容说明：①原始凭证是否齐全；②记账凭证是否相符；③账务处理是否正确；④是否记录恰当的会计期间；⑤……							

审计说明：

务实悟思 3-2

通过学习“购货与付款循环审计”，在应用审计各程序（通过填制工作底稿完成）后我们发现，被审计企业存在“固定资产折旧计算错误”和“应付与预付账款重分类”等问题。在实务中，有的企业为了虚增利润，应付预收款项容易被低估，而固定资产、在建工程等容易被高估。

请阅读“中准会计师事务所审计抚顺特钢案例”后完成下列思考题。

1. 中准会计师事务所及注册会计师在审计中为什么没有发现虚增的固定资产？

2. 通过学习相关审计知识，你认为应该怎样设计审计程序来控制固定资产虚增风险呢？

中准会计师事务所审计抚顺特钢案例1

学以致用3-3

生产与存货循环审计工作底稿相关知识点

存货是企业的重要资产，存货的采购、使用及销售与企业的经营活动紧密相关，在制造企业生产与存货的循环中，将原材料转化为产成品的有关经营活动，对企业的财务状况和经营成果有重大而广泛的影响。审计人员需要实现与审计认定相关的七个审计目标：存在、完整性、准确性、计价和分摊、权利和义务、分类、列报。涉及的相关报表项目主要是存货。

在本循环的审计中，主要运用观察（监盘）、检查、重新计算等审计程序，应完成相关审计工作底稿的填制。

1.观察（监盘）

存货的监盘是指审计人员现场观察被审计单位存货的盘点，并对已盘点的存货进行适当的检查。存货的监盘有两层含义：一是审计人员要亲临现场观察被审计单位的存货盘点；二是在此基础上，审计人员根据需要抽查已盘点的存货。在抽查中要实行双向抽查：一方面，从存货盘点记录中选取项目追查至存货实物（存在、准确性认定）；另一方面，从存货实物中选取项目追查至盘点记录（完整性认定）。一旦出现无法实施存货监盘的特殊情况，审计人员应当实施必要的替代程序。在绝大多数情况下，审计人员必须亲自观察存货盘点过程，实施存货监盘程序。因此，存货监盘是存货审计的一项核心程序。

在本循环中，运用存货监盘审计程序，需要完成“存货监盘结果汇总表”、“存货明细账与盘点报告（记录）核对表”和“存货抽盘核对表”审计工作底稿的填制。

2.检查

应用检查审计程序，核对记账日期、开据发票日期和存货的入（出）库日期。比如：从存货明细账的借方发生额中抽取样本与入库记录核对，以确定存货入库被记录在正确的会计期间；从存货明细账的贷方发生额中抽取样本与出库记录核对，以确定存货出库被记录在正确的会计期间。

在本循环中，需要填制“存货明细表”、“存货入库截止测试表”、“存货出库截止测试表”和“存货计价测试表”等审计工作底稿。

3.重新计算

针对产成品和在产品的单位成本，审计人员需要对成本的核算过程实施测试，包括直接材料成本测试、直接人工成本测试、制造费用测试和生产成本在当期完工产品与在产品之间分配的测试四项内容。

在本循环中，应用检查、重新计算等审计程序，审计人员应该结合企业的产品成本计算的方法和要求，计算出正确的产品总成本与单位成本，与企业的计算结果进行对比，确定是否存在差异，提出相应的调整建议。需要填制“生产成本检查表”、“直接材料成本检查情况表”、“直接人工成本检查情况表”和“制造费用成本检查情况表”等审计工作底稿。

生产与存货循环审计工作底稿之间的关系如图3-4所示。

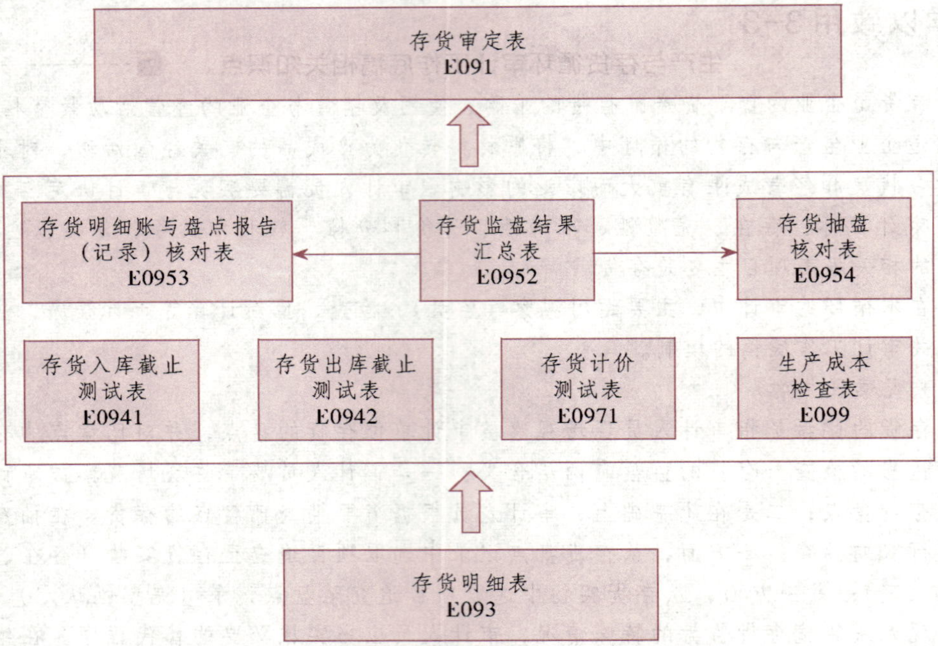

图3-4 生产与存货循环审计工作底稿之间的关系

（以存货审计工作底稿为例）

存货审定表

被审计单位：	索引号：E091
项目：存货审定表	财务报表截止日/期间：
编制：	复核：
日期：	日期：

存货项目	期末未审数	账项调整		重分类调整		期末审定数	上期末审定数	索引号
		借方	贷方	借方	贷方			
一、存货账面余额								
原材料								
在途物资								
周转材料								
库存商品								
自制半成品								
生产成本								
委托加工物资								
发出商品								
材料成本差异								
委托代销商品								
合同履约成本								
⋮								
合计								
二、存货跌价准备								
原材料								
材料采购								
在途物资								
周转材料								
低值易耗品								
包装物								
库存商品								
在产品								
合同履约成本								
委托加工物资								
发出商品								
⋮								

续表

存货项目	期末未审数	账项调整		重分类调整		期末审定数	上期末审定数	索引号
		借方	贷方	借方	贷方			
合计								
三、存货账面价值								
原材料								
材料采购								
在途物资								
周转材料								
低值易耗品								
包装物								
库存商品								
在产品								
合同履约成本								
委托加工物资								
发出商品								
⋮								
合计								

审计结论：

存货明细表

被审计单位：

项目：存货明细表

编制：

日期：

索引号：E093

财务报表截止日/期间：

复核：

日期：

类别	名称及规格	计量单位	数量	单价	金额	备注

编制说明：本表适用于材料采购、在途物资、原材料、库存商品、发出商品、委托加工物资、周转材料等。

审计说明：

存货入库截止测试表

被审计单位：	索引号：E0941
项目：存货入库截止测试表	财务报表截止日/期间：
编制：	复核：
日期：	日期：

一、从存货明细账的借方发生额中抽取样本与入库记录核对，以确定存货入库被记录在正确的会计期间

序号	摘要	明细账凭证			入库单（或购货发票）			是否跨期
		编号	日期	金额	编号	日期	金额	
截止日前 截止日期：20××年×月×日 截止日后								

二、从存货入库记录中抽取样本与明细账的借方发生额核对，以确定存货入库被记录在正确的会计期间

序号	摘要	入库单（或购货发票）			明细账凭证			是否跨期
		编号	日期	金额	编号	日期	金额	
截止日前 截止日期：20××年×月×日 截止日后								

编制说明：本表适用于材料采购、在途物资、原材料、在产品、库存商品等。

审计说明：

存货出库截止测试表

被审计单位：		索引号：	E0942
项目：	存货出库截止测试表	财务报表截止日/期间：	
编制：		复核：	
日期：		日期：	

一、从存货明细账的贷方发生额中抽取样本与出库记录核对，以确定存货出库被记录在正确的会计期间

序号	摘要	明细账凭证			出库单（或销售发票）			是否跨期
		编号	日期	金额	编号	日期	金额	
截止日前 截止日期：20××年×月×日 截止日后								

二、从存货出库记录中抽取样本与明细账的贷方发生额核对，以确定存货出库被记录在正确的会计期间

序号	摘要	出库单（或销售发票）			明细账凭证			是否跨期
		编号	日期	金额	编号	日期	金额	
截止日前 截止日期：20××年×月×日 截止日后								

编制说明：本表适用于材料采购、在途物资、原材料、在产品、库存商品等。

审计说明：

存货监盘结果汇总表

被审计单位：	索引号：E0952
项目：存货监盘结果汇总表	财务报表截止日/期间：
编制：	复核：
日期：	日期：

存货类别	存货名称	单位	监盘数量	未经确认盘点报告数量	差异数量	差异原因	索引号	审计确认盘点报告数量
							监盘人员签名	

编制说明：本表适用于监盘日（盘点日）为财务报表截止日的情况。

审计说明：

工作底稿填制讲解5
存货监盘结果汇总表

存货明细账与盘点报告（记录）核对表

被审计单位：______	索引号：E0953
项目：存货明细账与盘点报告（记录）核对表	财务报表截止日/期间：______
编制：______	复核：______
日期：______	日期：______

一、从明细账中选取具有代表性的样本将明细账上的存货数量与经确认盘点报告的数量核对

序号	地点	样本描述		期末存货明细账记录			获取的存货清单	索引号	经确认的期末存货盘点表	数量差异	差异分析及处理
		存货类别	存货型号	单价	数量	金额	数量		数量		
					①		②		③	④=①-②或②-③	

二、从经确认的盘点报告中抽取有代表性的样本将盘点报告的数量与存货明细账核对

序号	地点	样本描述		索引号	经确认的期末存货盘点表	期末存货明细账记录			被审计单位提供的存货清单的数量	数量差异	差异分析及处理
		存货类别	存货型号		数量	单价	数量	金额			
					①		②		③	④=①-②或①-③	

编制说明：本表适用于监盘日（盘点日）为财务报表截止日的情况。

审计说明：

存货抽盘核对表

被审计单位：	索引号：E0954
项目：存货抽盘核对表	财务报表截止日/期间：
编制：	复核：
日期：	日期：

一、资产负债表日前抽盘核对表

序号	品名及规格	单位	抽盘日实存数量	加：抽盘日至资产负债表日入库数量	减：抽盘日至资产负债表日发出数量	资产负债表日实存数量	资产负债表日账面数量	差异	原因分析

二、资产负债表日后抽盘核对表

序号	品名及规格	单位	抽盘日实存数量	加：资产负债表日至抽盘日发出数量	减：资产负债表日至抽盘日入库数量	资产负债表日实存数量	资产负债表日账面数量	差异	原因分析

编制说明：本表适用于抽盘日与财务报表截止日不一致的情况。

审计说明：

存货计价测试表

被审计单位：	索引号：E0971
项目：存货计价测试表	财务报表截止日/期间：
编制：	复核：
日期：	日期：

品名及规格：

存货种类	增加			减少（计价方法：　　）			结存		
	数量	单价	金额	数量	单价	金额	数量	单价	金额
合　计									

注：本表适用于原材料、库存商品、自制半成品等。

审计说明：

生产成本检查表

被审计单位：	索引号：E099
项目：生产成本检查表	财务报表截止日/期间：
编制：	复核：
日期：	日期：

车间、产品	投产数量（　）	成本项目					完工转出（成本结转方法：　）		
		直接材料	直接人工	制造费用	…	合计	数量	总成本	余额
一车间　炼铁									
二车间　炼钢									
三车间　轧钢									
其中：高速线材									
螺纹钢									

审计说明：

直接材料成本检查情况表

被审计单位：　　　　　　　　　　索引号：　　　　E0991

项目：　直接材料成本检查情况表　　财务报表截止日/期间：

编制：　　　　　　　　　　　　　复核：

日期：　　　　　　　　　　　　　日期：

月份	名称及规格	金额	检查内容（用“√”“×”表示）								附件描述
			1	2	3	4	5	6	7	8	

检查内容说明：

1. 材料耗用量与材料领料单汇总核对是否相符。
2. 材料分配汇总表中该产品分配的直接材料成本与材料耗用量核对是否相符。
3. 材料成本在不同产品间的分配标准与计算方法是否合理和适当。
4. 材料成本在某产品完工产品和在产品中的分配标准与计算方法是否合理和适当。
5. 采用标准成本或定额成本的标准材料成本或定额成本的确定是否合理，材料成本差异的计算和分配是否正确。
6. 直接材料的定额成本、标准成本本期有无变化。
7. ……

审计说明：

直接人工成本检查情况表

被审计单位：　　　　索引号：E0992

项目：直接人工成本检查情况表　　　　财务报表截止日/期间：

编制：　　　　复核：

日期：　　　　日期：

月份	名称及规格	金额	检查内容（用“√”“×”表示）								附件描述
			1	2	3	4	5	6	7	8	

检查内容说明：

1. 直接人工汇总表与应付职工薪酬、人事部门工时记录等核对是否相符。
2. 直接人工汇总表中的人工成本是否包括五险一金（养老、医疗、失业、工伤、生育险及住房公积金）及两费（工会经费及教育经费）。
3. 直接人工成本分配表与直接人工汇总表核对是否相符。
4. 直接人工成本在不同产品间的分配标准与计算方法是否合理和适当。
5. 直接人工成本在某产品完工产品和在产品中的分配标准和计算方法是否合理和适当。
6. 采用标准成本或定额成本的标准人工成本或定额成本的确定是否合理，直接人工成本差异的计算和分配是否正确。
7. 直接人工标准成本或定额成本本年度有无重大变化。
8. ……

审计说明：

制造费用明细表

被审计单位：________　　索引号：E0993

项目：制造费用明细表　　财务报表截止日/期间：________

编制：________　　复核：________

日期：________　　日期：________

月份	制造费用明细项目										
	合计										
1月											
2月											
3月											
4月											
5月											
6月											
7月											
8月											
9月											
10月											
11月											
12月											
合计											
上期数											
变动额											
变动比例											

注：只填12月份发生额，其他月份省略。

审计说明：

制造费用检查情况表

被审计单位：　　　　　　　　索引号：E0994

项目：制造费用检查情况表　　　　财务报表截止日/期间：

编制：　　　　　　　　复核：

日期：　　　　　　　　日期：

月份	名称及规格	金额	检查内容（用“√”“×”表示）								备注
			1	2	3	4	5	6	7	8	

检查内容说明：

1. 核算制造费用的内容及范围是否正确。
2. 制造费用汇总表与相关费用项目（如折旧费用）等核对是否相符。
3. 制造费用在不同产品间的分配标准与计算方法是否合理和适当。
4. 制造费用在某产品完工产品和在产品中的分配标准和计算方法是否合理和适当。
5. 采用标准成本法的标准制造费用的确定是否合理，制造费用差异的计算和分配是否正确。
6. 标准制造费用本年度有无重大变化。
7. 是否存在异常会计事项。
8. ……

审计说明：

务实悟思 3-3

通过学习“生产与存货循环审计”，在应用审计各程序（通过填制工作底稿完成）后我们发现，被审计企业存在“生产成本计算错误”和“存货入库截止”等问题。存货作为企业一项重要的营运资产，可能占比很大。存货的低估（完整性）或高估（存在性）带来的结果是利润的虚增和虚减。

请阅读“中准会计师事务所审计抚顺特钢案例”后完成下列思考题。

1. 请总结一下“存货监盘”审计程序的主要步骤和关键点。

2. 在成本计算审计中，不仅数据较多，而且计算量大，那么如何在控制好审计风险的前题下提高工作效率呢？

3. 请谈一下你对注册会计师职业的认识。

中准会计师事务所审计抚顺特钢案例2

学以致用3-4

货币资金审计工作底稿相关知识点

货币资金是企业资产的重要组成部分，是流动性最强的一种资产。货币资金主要来源于股东投资、债权人借款和企业经营累积，主要用于资产的取得和费用的结付，因而容易发生贪污盗窃、非法挪用、挥霍浪费等违法行为。对审计人员来说，这是一个高风险的领域。审计人员需要实现与管理层认定相关的七个审计目标：存在、完整性、准确性、计价和分摊、权利和义务、分类、列报。涉及的相关报表项目主要是货币资金。

在本循环的审计中，主要运用观察（监盘）、检查、函证等审计程序，应完成相关审计工作底稿的填制。

1.观察（监盘）

库存现金的监盘，是证实资产负债表上所列现金是否存在的重要程序。通常包括对已收到但未存入银行的现金、零用金等的盘点。盘点库存现金的时间和人员应视被审计单位的具体情况而定，但现金出纳员和被审计单位会计主管人员必须参加，并由审计人员进行监盘。

在本循环中，运用观察（监盘）程序，填制“库存现金监盘表”审计工作底稿。

2.检查

检查库存现金，是通过抽查大额现金收支，检查大额的现金收支的原始凭证是否齐全、内容是否完整、有无授权批准、记账凭证与原始凭证是否相符、账务处理是否正确、是否记录于正确的会计期间来完成。

检查银行存款包括：①从银行对账单上选取交易样本与被审计单位银行存款日记账核对；从被审计单位银行存款日记账上选取样本，核对至银行对账单。②在银行对账单中选取大额的异常交易，抽查大额银行存款收支业务，检查其真实性、完整性和收支业务的正确截止。③取得并检查银行对账单和银行存款余额调节表，是证实资产负债表中所列银行存款是否存在的重要程序。

在本循环中，运用检查程序，填制“货币资金收支检查情况表”“对银行存款余额调节表的检查”审计工作底稿。

3.函证

银行函证是证实资产负债表所列银行存款是否存在的重要程序。通过向往来银行函证，审计人员不仅可以了解企业资产的存在，还可以了解企业账面反映的所欠银行债务情况，并有助于发现企业未入账的银行借款和未披露的或有负债。

在本循环中，运用函证程序，填制“银行存款函证结果汇总表”审计工作底稿。

货币资金审计工作底稿之间的关系如图3-5所示。

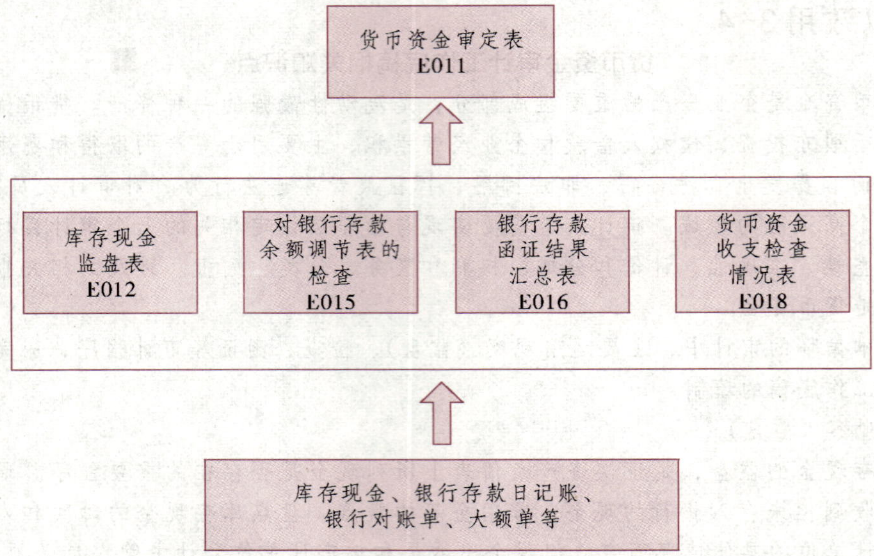

图 3-5　货币资金审计工作底稿之间的关系

货币资金审定表

被审计单位：	索引号：E011
项目：货币资金审定表	财务报表截止日/期间：
编制：	复核：
日期：	日期：

项目名称	期末未审数	账项调整		重分类调整		期末审定数	上期末审定数	索引号
		借方	贷方	借方	贷方			
库存现金								
银行存款								
其他货币资金								
合　计								

审计结论：

库存现金监盘表

被审计单位：		索引号：	E012
项目：	库存现金监盘表	财务报表截止日/期间：	
编制：		复核：	
日期：		日期：	

<table>
<tr><td colspan="6">检查盘点记录</td><td colspan="7">实有库存现金盘点记录</td></tr>
<tr><td colspan="2">项目</td><td>项次</td><td>人民币</td><td>美元</td><td>某外币</td><td rowspan="2">面额</td><td colspan="2">人民币</td><td colspan="2">美元</td><td colspan="2">某外币</td></tr>
<tr><td colspan="2">上一日账面库存余额</td><td>①</td><td></td><td></td><td></td><td>张</td><td>金额</td><td>张</td><td>金额</td><td>张</td><td>金额</td></tr>
<tr><td colspan="2">盘点日未记账传票收入金额</td><td>②</td><td></td><td></td><td></td><td>1 000 元</td><td></td><td></td><td></td><td></td><td></td><td></td></tr>
<tr><td colspan="2">盘点日未记账传票支出金额</td><td>③</td><td></td><td></td><td></td><td>500 元</td><td></td><td></td><td></td><td></td><td></td><td></td></tr>
<tr><td colspan="2">盘点日账面应有金额</td><td>④=①+②-③</td><td></td><td></td><td></td><td>100 元</td><td></td><td></td><td></td><td></td><td></td><td></td></tr>
<tr><td colspan="2">盘点实有库存现金数额</td><td>⑤</td><td></td><td></td><td></td><td>50 元</td><td></td><td></td><td></td><td></td><td></td><td></td></tr>
<tr><td colspan="2">盘点日应有与实有差异</td><td>⑥=④-⑤</td><td></td><td></td><td></td><td>10 元</td><td></td><td></td><td></td><td></td><td></td><td></td></tr>
<tr><td rowspan="7">差异原因分析</td><td>白条抵库（张）</td><td></td><td></td><td></td><td></td><td>5 元</td><td></td><td></td><td></td><td></td><td></td><td></td></tr>
<tr><td></td><td></td><td></td><td></td><td></td><td>2 元</td><td></td><td></td><td></td><td></td><td></td><td></td></tr>
<tr><td></td><td></td><td></td><td></td><td></td><td>1 元</td><td></td><td></td><td></td><td></td><td></td><td></td></tr>
<tr><td></td><td></td><td></td><td></td><td></td><td>0.5 元</td><td></td><td></td><td></td><td></td><td></td><td></td></tr>
<tr><td></td><td></td><td></td><td></td><td></td><td>0.05 元</td><td></td><td></td><td></td><td></td><td></td><td></td></tr>
<tr><td></td><td></td><td></td><td></td><td></td><td>0.01 元</td><td></td><td></td><td></td><td></td><td></td><td></td></tr>
<tr><td></td><td></td><td></td><td></td><td></td><td>合计</td><td></td><td></td><td></td><td></td><td></td><td></td></tr>
<tr><td rowspan="5">追溯调整</td><td colspan="2">报表日至审计日库存现金付出总额</td><td></td><td></td><td></td><td></td><td></td><td></td><td></td><td></td><td></td><td></td></tr>
<tr><td colspan="2">报表日至审计日库存现金收入总额</td><td></td><td></td><td></td><td></td><td></td><td></td><td></td><td></td><td></td><td></td></tr>
<tr><td colspan="2">报表日库存现金应有余额</td><td></td><td></td><td></td><td></td><td></td><td></td><td></td><td></td><td></td><td></td></tr>
<tr><td colspan="2">报表日账面汇率</td><td></td><td></td><td></td><td></td><td></td><td></td><td></td><td></td><td></td><td></td></tr>
<tr><td colspan="2">报表日余额折合本位币金额</td><td></td><td></td><td></td><td></td><td></td><td></td><td></td><td></td><td></td><td></td></tr>
<tr><td colspan="3"></td><td></td><td></td><td></td><td></td><td></td><td></td><td></td><td></td><td></td><td></td></tr>
<tr><td colspan="3"></td><td></td><td></td><td></td><td></td><td></td><td></td><td></td><td></td><td></td><td></td></tr>
<tr><td colspan="3">本位币合计</td><td></td><td></td><td></td><td></td><td></td><td></td><td></td><td></td><td></td><td></td></tr>
</table>

出纳员：　　　　会计主管人员：　　　　监盘人：　　　　检查日期：

审计结论：

工作底稿填制讲解6
库存现金监盘表

对银行存款余额调节表的检查

被审计单位：	索引号：E015
项目：对银行存款余额调节表的检查	财务报表截止日/期间：
编制：	复核：
日期：	日期：

开户银行：　　　　银行账号：　　　　币种：

项　目	金额	调节项目说明	是否需要审计调整
银行对账单余额			
加：企业已收，银行尚未入账合计金额			
其中：1.			
2.			
减：企业已付，银行尚未入账合计金额			
其中：1.			
2.			
调整后银行对账单余额			
企业银行存款日记账余额			
加：银行已收，企业尚未入账合计金额			
其中：1.			
2.			
减：银行已付，企业尚未入账合计金额			
其中：1.			
2.			
调整后企业银行存款日记账余额			

经办会计人员（签字）：　　　　会计主管（签字）：

审计说明：

银行存款函证结果汇总表

被审计单位：________________ 索引号：E016

项目：银行存款函证结果汇总表 财务报表截止日/期间：________________

编制：________________ 复核：________________

日期：________________ 日期：________________

开户银行	账号	币种	函证情况					冻结、质押等事项说明	备注
			对账单余额	函证日期	回函日期	回函金额	金额差异		

审计说明：

货币资金收支检查情况表

被审计单位：		索引号：	E018
项目：	货币资金收支检查情况表	财务报表截止日/期间：	
编制：		复核：	
日期：		日期：	

记账日期	凭证编号	业务内容	对应科目	金额	核对内容（用“√”“×”表示）					备注
					1	2	3	4	5	

核对内容说明：1. 原始凭证是否齐全；2. 记账凭证与原始凭证是否相符；3. 账务处理是否正确；4. 是否记录于恰当的会计期间；5. ……

对不符事项的处理：

注：当企业规模和业务量较大时，可分库存现金、银行存款、其他货币资金科目分别使用该表，应注意修改索引号。

审计说明：

务实悟思 3-4

通过学习“货币资金审计”，在应用审计各程序（通过填制工作底稿完成）后我们发现，被审计企业存在“库存现金不实”等问题。货币资金因其流动性强、收付业务频繁而成为虚增和贪污挪用公款等舞弊行为的高发领域。

请阅读“瑞华会计师事务所审计索菱股份案例”后完成下列思考题。

1. 在审计货币资金时，为什么要特别关注大额定期存单？你从本案例中得到了哪些启示？

2. 被审计单位虚构银行对账单的目的是什么？审计人员如何才能发现虚假的对账单？

瑞华会计师事务所审计索菱股份案例

学以致用3-5

审计终结工作底稿相关知识点

审计人员按业务循环完成各财务报表项目的审计工作后，在审计完成阶段应汇总审计测试的结果，进行更具综合性的审计工作，如评价审计中的重大发现、汇总审计差异、评价独立性和职业道德问题、考虑被审计单位的持续经营假设的合理性、关注或有事项和期后事项对财务报表的影响、撰写审计总结、复核审计工作底稿和财务报表等。在此基础上，应在评价审计结果、与客户沟通后，获取管理层声明书，最终确定应该出具审计报告的意见类型，进而完成审计工作。

在本循环中，主要运用分析、检查、重新计算等审计程序，应完成相关审计工作底稿的填制：

第一，将以上四个循环中各报表项目审定表中的错报进行汇总，填制“账项调整分录汇总表”审计工作底稿。

第二，将以上四个循环中各报表项目审定表中的需要重分类的项目进行汇总，填制“重分类调整分录汇总表”审计工作底稿。

第三，将以上四个循环中各报表项目中存在的在列报中有漏报、错报的项目进行汇总，填制“列报调整汇总表”审计工作底稿。

第四，根据上述三张审计工作底稿的内容，分析填写“资产负债表试算平衡表”和“利润表试算平衡表”审计工作底稿。

审计终结工作底稿之间的关系如图3-6所示。

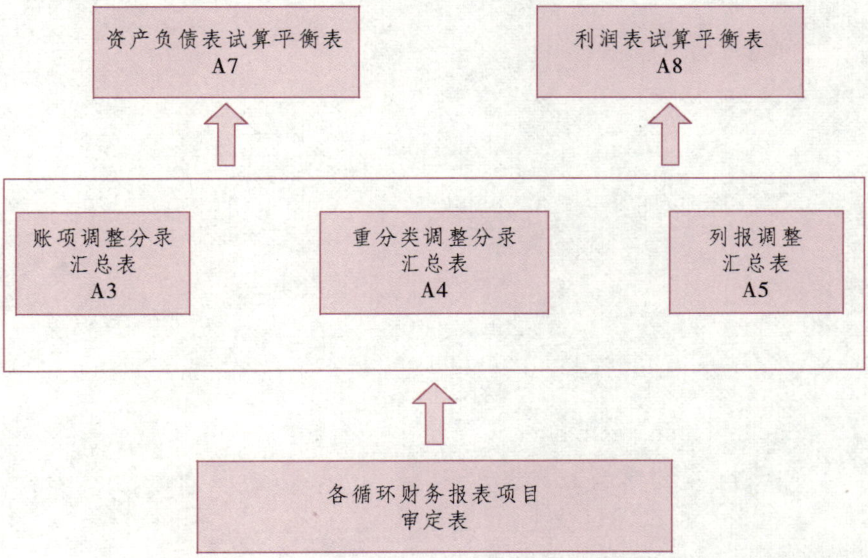

图3-6　审计终结工作底稿之间的关系

账项调整分录汇总表

被审计单位：________　　索引号：A3

项目：账项调整分录汇总表　　财务报表截止日/期间：________

编制：________　　复核：________

日期：________　　日期：________

序号	内容及说明	索引号	调整内容				影响利润表 +（-）	影响资产负债表 +（-）
			借方项目	借方金额	贷方项目	贷方金额		

与被审计单位的沟通：________

参加人员：________

被审计单位：________

审计项目组：________

被审计单位意见：________

结论：

是否同意上述审计调整：________

被审计单位授权代表签字：________　　日期：________

工作底稿填制讲解7
账项调整分录汇总表

重分类调整分录汇总表

被审计单位：＿＿＿＿＿＿＿＿　　索引号：＿＿A4＿＿

项目：＿重分类调整分录汇总表＿　　财务报表截止日/期间：＿＿＿＿＿＿＿＿

编制：＿＿＿＿＿＿＿＿　　复核：＿＿＿＿＿＿＿＿

日期：＿＿＿＿＿＿＿＿　　日期：＿＿＿＿＿＿＿＿

序号	内容及说明	索引号	调整项目和金额			
			借方项目	借方金额	贷方项目	贷方金额

与被审计单位的沟通：＿＿＿＿＿＿＿＿

参加人员：＿＿＿＿＿＿＿＿

被审计单位：＿＿＿＿＿＿＿＿

审计项目组：＿＿＿＿＿＿＿＿

被审计单位意见：＿＿＿＿＿＿＿＿

结论：

是否同意上述审计调整：＿＿＿＿＿＿＿＿

被审计单位授权代表签字：＿＿＿＿＿＿＿＿　　日期：＿＿＿＿＿＿＿＿

列报调整汇总表

被审计单位：________	索引号：A5
项目：列报调整汇总表	财务报表截止日/期间：________
编制：________	复核：________
日期：________	日期：________

一、被审计单位财务报表附注中的漏报项目包括：

二、被审计单位财务报表附注中的错报调整项目包括：

与被审计单位的沟通：________

参加人员：________

被审计单位：________

审计项目组：________

被审计单位意见：________

结论：

是否同意上述审计调整：________

被审计单位授权代表签字：________　　日期：________

未更正错报汇总表

被审计单位：		索引号：A6
项目：未更正错报汇总表		财务报表截止日/期间：
编制：		复核：
日期：		日期：

序号	内容及说明	索引号	未调整内容				备注
			借方项目	借方金额	贷方项目	贷方金额	

未更正错报的影响：

项目	金额	百分比	计划百分比
1. 总资产			
2. 净资产			
3. 销售收入			
4. 费用总额			
5. 毛利润			
6. 净利润			

结论：

被审计单位授权代表签字：________ 日期：________

资产负债表试算平衡表

被审计单位：	索引号：A7
项目：资产负债表试算平衡表	财务报表截止日/期间：
编制：	复核：
日期：	日期：

项目	期末未审数	账项调整		重分类调整		期末审定数	项目	期末未审数	账项调整		重分类调整		期末审定数
		借方	贷方	借方	贷方				借方	贷方	借方	贷方	
货币资金							短期借款						
交易性金融资产							交易性金融负债						
应收票据							应付票据						
应收账款							应付账款						
预付款项							预收款项						
其他应收款							应付职工薪酬						
存货							应交税费						
一年内到期的非流动资产							其他应付款						
其他流动资产							一年内到期的非流动负债						
流动资产合计							流动负债合计						
债权投资							长期借款						
长期应收款							应付债券						
长期股权投资							长期应付款						
投资性房地产							专项应付款						
固定资产							预计负债						
在建工程							非流动负债合计						
无形资产							负债合计						
劳务成本							实收资本						
长期待摊费用							资本公积						
非流动资产合计							盈余公积						
							未分配利润						
							所有者权益合计						
资产总计							负债和所有者权益总计						

利润表试算平衡表

被审计单位：	索引号：A8
项目：利润表试算平衡表	财务报表截止日/期间：
编制：	复核：
日期：	日期：

项目		未审数	调整金额		审定数
			借方	贷方	
一	营业收入				
	减：营业成本				
	税金及附加				
	销售费用				
	管理费用				
	财务费用				
	其中：利息费用				
	利息收入				
	资产减值损失				
	信用减值损失				
	加：公允价值变动损益				
	投资收益				
二	营业利润				
	加：营业外收入				
	减：营业外支出				
三	利润总额				
	减：所得税费用				
四	净利润				
五	其他综合收益的税后净额				
六	综合收益总额				
七	每股收益				

务实悟思 3-5

通过“审计完成阶段”的学习，在汇总填制工作底稿后我们发现，被审计企业共存在8项调整事项和1项非调整事项。在与被审计单位沟通后，对资产负债表和利润表进行了调整，并出具了无保留意见审计报告。在实务工作中，审计报告是明确审计人员法律责任的重要证明，所以，出具何种类型的审计报告至关重要。

请同学们查找关于瑞幸咖啡案例的相关资料，并完成下列思考题。

1.2020年4月2日，在美国上市的瑞幸咖啡突然发布公告，承认在2019年的第二季度至第四季度伪造交易额22亿元人民币，引发股票暴跌80%。瑞幸咖啡财务造假的主要手段是什么？

2. 虽然瑞幸咖啡不是在国内上市的，但是中国证监会高度关注了此事，并对瑞幸咖啡依法进行核查。请问，2017年6月16日（成立日）至2018年12月31日为其审计的安永明华会计师事务所是否应承担法律责任？

第四单元

学习指导与参考答案

■ 一、销售与收款循环审计学习指导

（一）“营业收入”审计工作底稿

1. 营业收入审定表

（1）主营业务收入本期未审数 70 167 300.00 元，根据营业收入明细账（1—11 月份累计发生额）与 12 月份主营业务收入明细账填列。

（2）其他业务收入本期未审数 3 092 800.00 元，根据营业收入明细账（1—11 月份累计发生额）与 12 月份其他业务收入明细账填列。

（3）营业收入本期合计数 73 260 100.00 元，经核对与本期主营业务收入总账和其他业务收入总账的本期累计发生额以及利润表列报数额一致（主营业务收入总账与其他业务收入总账的 1—11 月份累计发生额合计数 66 162 300.00 元）。

（4）账项调整：普通线材本期少计收入 451 000.00 元，详见营业收入审计工作底稿主营业务收入截止测试表（H0181）；安装 C 设备少计收入 20 000.00 元，详见营业收入审计工作底稿营业收入真实性检查情况表（H016）。共调增收入 471 000.00 元。

2. 主营业务收入明细表

根据 1—11 月份发生额合计与 12 月份主营业务收入明细账填写本期数。

3. 其他业务收入明细表

根据 1—11 月份发生额合计与 12 月份其他业务收入明细账填写本期数。

以上两张审计工作底稿是营业收入审定表本期数的明细说明。

4. 月度毛利率分析表

此表可根据审计资料 202×-1 年、202×年各月销售情况汇总表计算填写。经分析 12 月份波动较大，因此，作为审计的重点。

5. 营业收入真实性检查情况表

此表审查 12 月份的全部主营业务收入和其他业务收入。根据明细账—凭证的路线，重点审查是否有高估收入的问题。本资料要求全部审查。

经审计发现 12 月 25 日（见 36 号转账凭证）为大众安装公司安装 C 设备的收入确认有误，与合同总收入不符，会计处理每期按总价款的 33% 确认收入，3 期共收 198 万元，与合同总价款差 2 万元，因此，少确认收入 20 000.00 元，做调整分录：

借：营业成本——其他业务成本　　15 000
　　劳务成本——C 设备安装工程　　5 000
　贷：营业收入——其他业务收入　　20 000

6. 营业收入完整性检查情况表

此表审查 12 月份全部主营业务收入和其他业务收入。根据凭证—明细账的路线，重点审查是否有低估收入的问题。经查没有发现问题。本资料要求抽查比例不小于 20%。

7. 主营业务收入截止测试表

此表根据 12 月份的会计资料和审计资料，测试是否存在收入跨期问题。选取接近资产负债表日 12 月末 35 号转账凭证、34 号转账凭证及 202×+1 年 1 月 3 笔业务作为测试对象。

经审计发现 202×+1 年 1 月 2 日销售给华钢工贸的 100 吨普通线材发票日期、发货日期均在 202×年 12 月份，但记账却在下一年 1 月份（详见审计资料 202×+1 年 1 月份部分收入情况汇总表）。因此，需要调整，做调整分录：

借：应收账款——华钢工贸　　509 630
　贷：营业收入——主营业务收入　　451 000
　　　应交税费——应交增值税（销项税额）　　58 630

（二）“应收账款”审计工作底稿

1. 应收账款审定表

（1）本期期末账面余额未审数 2 157 580.00 元，根据应收账款明细账与审计资料中的账龄填列。

（2）应收账款账面价值 1 941 822.00 元，为扣除坏账准备后的金额（应收账款所计提坏账准备数额详见坏账准备——应收账款明细账余额 215 758.00 元），经核对与资产负债表应收账款列报数额一致。

（3）账项调整：应收账款调增 509 630.00 元，详见主营业务收入截止测试表（H0181）；应补提坏账准备 431 121.00 元，详见应收账款坏账准备计算表（E047）。

2. 应收账款明细表

此表根据应收账款明细账和审计资料填列，其调整数为 509 630.00 元，是应收账款审定表的明细说明。

3. 应收账款函证结果汇总表

此表根据应收账款明细账以及审计资料应收账款函证情况等相关资料填写。其中，华钢工贸回函金额与企业账面余额不符，需要调节，详见应收账款函证结果调节表（E045）；大成建设公司，没有回函，需进行替代程序，详见应收账款替代测试表（E046）。

4. 应收账款函证结果调节表

根据应收账款回函情况得知，华钢工贸回函金额与企业账面余额不符，经审查发现出现不符是由于 12 月 22 日委托华钢工贸代销高速线材 300 吨，其中代销手续费 59 550.00 元（见 34 号转账凭证），华钢工贸未及时入账。

5. 应收账款替代测试表

根据应收账款回函情况得知，大成建设公司没有回函，需对大成建设公司应收账款的审计实行替代程序，本月与大成建设公司共发生两笔应收账款业务（见 17 号转账凭证、

15号银行付款凭证），经核对相关的原始凭证、记账凭证等确认无误。

6. 应收账款坏账准备计算表

应收账款坏账准备计算表

金额单位：元

账龄	应收账款余额	注册会计师认定计提比例（见105页）	坏账准备
1年以内	1 537 580	5%	76 879
1～2年		20%	
2～3年	100 000	50%	50 000
3年以上	520 000	100%	520 000
合计	2 157 580		646 879

坏账准备上期审定数96 507.40元（见坏账准备总账）。其中，坏账准备——其他应收账款明细账余额707.40元，坏账准备——应收账款明细账余额95 800.00元（96 507.40-707.40）。根据坏账准备明细账填写。

本期确认的坏账损失2笔，金额分别为38 000.00元（见4号转账凭证）和5 000.00元（见11号转账凭证）。收回已确认的坏账损失1笔，金额为20 000.00元（见5号转账凭证）。

注册会计师认定本期应收账款应计提坏账准备574 079.00元（646 879-（95 800+20 000-38 000-5 000）），大华钢铁公司本期少计提431 121.00元（574 079-142 958）。因此，需要调整，做调整分录：

借：信用减值损失　　431 121

　贷：应收账款——坏账准备　　431 121

（三）"应交税费"审计工作底稿

1. 应交税费审定表

此表期末未审数根据应交税费明细账余额填列。

（1）应交税费期末未审数为471 892.77元，经核对与应交税费总账数以及资产负债表列报数一致。

（2）所得税调增268 719.75元，根据汇总错报对所得额的影响填列，详见账项调整分录汇总表（A3）（建议根据最后的审计结果填列，暂空）。

（3）增值税调增58 630.00元，详见主营业务收入截止测试表（H0181）。

（4）其他税种调整略。

2. 应交增值税明细表

此表根据应交增值税明细账分析填列。此表"进项税额"一栏640 177.92元，"销项税额"一栏836 632.09元，详见应交增值税销项税额测算表（F074）。

3. 应交增值税销项税额测算表

此表根据会计资料的本期销售业务分析填列。此表"合计"栏836 632.09元，详见应交增值税明细表（F073）。

4. 应交所得税测算表

调整前利润12 631 385.22元，根据会计资料填列；审计调整影响利润数为1 074 879.00元，所得税268 719.75元。根据账项调整分录汇总表（A3）填列；实际应纳税所得额

13 706 264.22元，实际应交所得税 3 426 566.06 元。这是根据上述资料计算的结果。

■ 二、采购与付款循环审计学习指导

（一）“固定资产”审计工作底稿

1. 固定资产审定表

（1）固定资产原价合计数为 72 300 180.00 元，根据固定资产总账余额填列，其相关明细根据审计资料填列；累计折旧合计为 49 264 003.90 元，根据累计折旧总账余额填列；固定资产减值准备合计为 1 258 000.00 元，根据固定资产减值准备总账余额填列；账面价值合计数为 21 778 176.10 元，经核对，与资产负债表列报数一致。

（2）账项调整：累计折旧调减 928 000.00 元，详见审计工作底稿折旧计算检查表（E157）；其他固定资产的错报由于低于重要性水平，故不做调整。

2. 固定资产、累计折旧及减值准备明细表

此表由于会计资料所限，只需要根据上述 3 个总账的本期发生额填列，是固定资产审定表的明细说明。

3. 固定资产盘点检查情况表

此表根据审计资料填列，由于被审计单位固定资产总账、明细账、盘点记录均相符，故略。经审查盘盈电烤炉 1 台，价值 60 000.00 元。因此，需要做调整分录：由于错报低于重要性水平，故可不做报表调整。

借：固定资产　　60 000

　贷：以前年度损益调整　　60 000

4. 固定资产增加检查表

本期共发生增加固定资产业务 4 笔，应做详细（逐项）审计（见 7、9、11、53 号转账凭证）。经审查未发现异常。

5. 固定资产减少检查表

本期发生固定资产减少业务仅 1 笔，应做详细审计（见 23 号转账凭证），经审查无误。

6. 折旧计算检查表

为了简化教学，本教材只提供了固定资产计算折旧的部分资料，只需要测算炼铁车间厂房、炼钢车间的连铸机本期计提折旧额的正确与否。

具体折旧额的计算方法和结果，请参见教材 112 页提示。因需要冲减多计提的折旧费用，需要调整，做调整分录：

借：固定资产——累计折旧　　928 000

　贷：存货——制造费用　　928 000

（二）“应付账款”审计工作底稿

1. 应付账款审定表

（1）本期期末未审数 7 914 696.00 元，根据相关明细账余额填列；注意，其中上海钢铁集团期末余额为负数，-13 160.00 元，经核对与总账余额以及资产负债表列报数额一致。

（2）重分类调整，山西大同矿预付账款贷方余额 15 864.40 元，详见审计工作底稿预

付账款审定表（E051）；上海钢铁集团应付账款借方余额 13 160.00 元，需要做重分类调整并与审计工作底稿预付账款审定表（E051）索引。重分类调整分录：

借：预付款项——上海钢铁集团　13 160

贷：应付账款——上海钢铁集团　13 160

2. 应付账款明细表

此表可根据会计资料相关明细账填列。其中，上海钢铁集团期末余额为 −13 160.00元。

3. 未入账应付账款汇总表

经核对，发现本期从抚顺矿采购的煤未作暂估入账，价值 8 000.00 元（见审计资料）。建议做调整，做调整分录：

借：存货——原材料（煤）　8 000

贷：应付账款——抚顺煤矿　8 000

但此项业务属于低于重要性水平调整业务，可不做报表调整。

（三）"预付账款"审计工作底稿

1. 预付账款审定表

（1）本期期末未审数 272 035.50 元，根据预付账款明细账以及审计资料填列，由于预付账款并未提取坏账准备，所以本期期末预付账款账面价值与账面余额一致，经核对与预付账款总账数额以及本期资产负债表列报数一致。

（2）账项调整，山西大同矿余额与函证结果不符，需调增贷方 50 000.00 元，详见审计工作底稿预付账款函证结果汇总表（E054）。

（3）重分类调整，山西大同矿借方 15 864.40 元，详见审计工作底稿预付账款函证结果汇总表（E054）；上海钢铁集团借方 13 160.00 元，详见应付账款审定表（F041）。同时需要做重分类调整，做调整分录：

借：预付款项——山西大同矿　15 864.40

贷：应付款项——山西大同矿　15 864.40

2. 预付账款明细表

此表注意与应付账款明细表和预付账款函证结果汇总表及预付账款审定表的数字核对相符。

3. 预付账款函证结果汇总表

根据审计资料提供的函证结果，山西大同矿回函与大华钢铁公司账面余额不符，经进一步核对，有一笔价值 50 000.00 元的货物已发货，但大华钢铁公司未入账。需要调整，做调整分录：

借：存货——材料采购　50 000

贷：预付款项——山西大同矿　50 000

4. 预付账款替代测试表

对于第二次没有回函的鞍山矿预付账款余额执行替代程序，经查无误。

■三、生产与存货循环审计学习指导

（一）“存货”审计工作底稿

1. 存货审定表

（1）本期末账面余额未审数 26 195 615.42 元，根据相关存货总账余额填列。原材料合计，6 127 189.00 元（原材料 5 440 139.00+辅助材料 687 050.00）；周转材料，24 642.00元；库存商品合计，18 770 723.00 元；自制半成品，911 136.00 元；生产成本，-61 796.82 元；委托加工物资，30 000.00 元；发出商品，248 000.00 元；材料成本差异，145 722.24 元。存货账面价值，26 064 215.42 元（未审数与存货跌价准备余额的差额，26 641 115.42-131 400.00）。经核对，账面价值与资产负债表列报数额一致。

（2）账项调整：库存商品调增 1 050 000.00 元，详见审计工作底稿存货抽盘核对表（E0954）；原材料调增 50 000.00 元，详见审计工作底稿预付账款函证结果汇总表（E054）；库存商品调减 893 770.00 元，详见审计工作底稿生产成本检查表（E099）；生产成本调增 893 770.00 元，详见审计工作底稿生产成本检查表（E099）；生产成本调减 928 000.00 元，详见审计工作底稿折旧计算检查表（E157）。

2. 存货明细表

此表根据存货明细账余额填列，经核对无误。

3. 存货入库截止测试表

此表主要测试存货入库的时间是否存在跨期。根据会计资料填列后，可选择接近资产负债表日部分业务进行抽查。根据对被审计单位的了解，可以选择不同的线路，明细账—入库记录，重点审查、防止提前入账的错报；入库记录—明细账，重点审查、防止延期入账的错报。经测试不存在跨期业务。根据会计资料与审计资料（202×+1 年 1 月 1 日—2 月 25 日部分存货收入、发出情况统计表）进行测试，经测试未见异常。

4. 存货出库截止测试表

此表主要测试存货出库的时间是否存在跨期，根据会计资料填列，可选择接近资产负债表日部分业务进行抽查。根据对被审计单位的了解，可以选择不同的线路，明细账—入库记录，重点审查、防止提前入账的错报；入库记录—明细账，重点审查、防止延期入账的错报。经测试不存在跨期业务。根据会计资料与审计资料（202×+1 年 1 月 1 日—2 月 25 日部分存货收入、发出情况统计表）进行测试，经测试未见异常。

5. 存货监盘结果汇总表

此表根据注册会计师的盘点结果填列（见审计资料），表中未经确认的盘点报告数为被审计单位 202×年 12 月 31 日的账面数量，虽然审计盘点日为非财务报表截止日，但由于审计人员在预审时，已参与了企业盘点日的存货监盘，所以，此时审计人员是在对被审计单位 202×年 12 月 31 日账面数量的基础上的数量进行抽查。

6. 存货明细账与盘点报告（记录）核对表

根据审计资料的要求，注册会计师在执行监盘的基础上，决定抽查 5 种材料，但考虑到盘点时间是 2 月 25 日，存在出入库的情况，因此，需要用“调节法”将盘点日的数量推算至资产负债表日。其中，高速线材 φ6.5mm、螺纹钢 φ12mm、石灰石 3 种存货按明细账—盘点报告的顺序核对；镀锌铁丝 20#、工作服 2 种存货按盘点记录—明细账的顺序核对。

7. 存货抽盘核对表

此表填写资产负债表日后抽查核对部分，根据审计资料 202×年 1 月 1 日—2 月 25 日部分存货收入、发出情况统计表，审计工作底稿存货明细账与盘点报告（记录）核对表（E0953）填列。存在的差异，经调节，除高速线材 φ6.5mm 盘盈 300 吨需要调整外，其他均账实相符。做调整分录：

借：存货——高速线材　　1 050 000

　贷：管理费用　　1 050 000

8. 存货计价测试表

此表根据存货明细账相关会计资料和审计资料填列，抽查铁矿石、煤、锰铁、重油、普通线材、钢坯 95#计价的准确性。经测试可以确认。

（二）“生产成本”审计工作底稿

1. 生产成本检查表

此表可改为按 3 个车间（炼铁、炼钢、轧钢）或 2 种产成品（高速线材、螺纹钢）进行成本的复算，检查成本计算的准确性。

2. 直接材料成本检查情况表

此表主要检查费用的归集与分配情况，应根据成本计算的会计资料进行检查，将本月生产领料业务（见 1、30、40 号转账凭证）合计金额 12 079 146.90 元与生产成本计算单（3 个车间）本期直接材料项目合计数核对，经审查无误。

3. 直接人工成本检查情况表

此表主要检查费用的归集与分配情况，应根据成本计算的会计资料进行检查，将本月应付职工薪酬业务（见 41 号转账凭证），金额合计 520 866.00 元与生产成本计算单(3 个车间）本期直接人工、其他直接支出项目合计数核对，经审查无误。

4. 制造费用明细表

由于受所给会计资料的限制，本教材提供了本月制造费用明细表，可按 3 个车间分别填列或按月份填列此表。

5. 制造费用检查情况表

此表根据制造费用的项目与原始凭证、记账凭证等核对，并进行检查。将本月制造费用业务（见 3、26、40、41、43、44 号转账凭证，5、29 号银行存款付款凭证），金额合计 1 435 298.28 元与生产成本计算单（3 个车间）制造费用项目合计数核对，经审查无误。

6. 生产成本审计复算结果

一车间（炼铁）成本计算：

①“期初在产品成本”一栏应根据期初“生产成本”明细账余额（详见 8 页 202×年 12 月 1 日“生产成本”明细账余额）填列。

②本期成本费用为本期生产所消耗的各成本项目支出金额。其中：本期所消耗的直接材料金额为炼铁车间本期所领用材料的计划成本与材料成本差异合计数，具体金额详见

1、30、40 号转账凭证；本期直接人工支出为应付炼铁车间工人的基本薪酬，具体金额详见 41 号转账凭证；本期所发生的其他支出为应付炼铁车间工人的劳动保险，具体金额详见 41 号转账凭证；本期所发生的制造费用金额详见 45 号转账凭证。

③（3）=（1）+（2）

④（4）= 本月完工产量（5 200 吨）×（5）

⑤（5）=（3）÷（本月完工产量+在产品约当产量）

⑥（6）=（3）-（4）

⑦经复算，一车间（炼铁）成本计算无误。

二车间（炼钢）成本计算：

①"期初在产品成本"一栏应根据期初"生产成本"明细账余额（详见 8 页 202×年 12 月 1 日"生产成本"明细账余额）填列。

②本期成本费用为本期生产所消耗的各成本项目支出金额。其中：本期所消耗的直接材料金额为炼钢车间本期所耗用的炼铁车间直接转入本步骤金额（10 246 964.00 元）以及所领用材料的计划成本与材料成本差异合计数，具体金额详见 1、30、40 号转账凭证；本期直接人工支出为应付炼钢车间工人的基本薪酬，具体金额详见 41 号转账凭证；本期所发生的其他支出为应付炼钢车间工人的劳动保险，具体金额详见 41 号转账凭证；本期所发生的制造费用金额详见 45 号转账凭证。

③（3）=（1）+（2）

④（4）= 本月完工产量（5 200 吨）×（5）

⑤（5）=（3）÷（本月完工产量+在产品约当产量）

⑥（6）=（3）-（4）

⑦经复算，二车间（炼钢）成本计算无误。

三车间（轧钢）成本计算：

①"期初在产品成本"一栏应根据期初"生产成本"明细账余额（详见 8 页 202×年 12 月 1 日"生产成本"明细账余额）填列。

②本期成本费用为本期生产所消耗的各成本项目支出金额。其中：本期所消耗的直接材料金额为轧钢车间本期所耗用的炼钢车间直接转入本步骤金额（12 958 400.00 元）以及所领用材料的计划成本与材料成本差异合计数，具体金额详见 1、30、40 号转账凭证；本期直接人工支出为应付轧钢车间工人的基本薪酬，具体金额详见 41 号转账凭证；本期所发生的其他支出为应付轧钢车间工人的劳动保险，具体金额详见 41 号转账凭证；本期所发生的制造费用金额详见 45 号转账凭证。

③（3）=（1）+（2）

④（4）=（3）÷（本月完工产量+在产品约当产量）

⑤（5）= 3 030×（4）

⑥（6）=（3）-（5）

⑦经复算，第三车间直接人工单位成本计算有误，正确的计算结果为 46.10 元，相应的数据应该调整。更正后成本计算单见下表：

三车间（轧钢）成本计算单

单位：元
完工产量：5 000 吨
在产品量：50 吨

成本项目	期初在产品成本（1）	本期成本费用（2）	成本费用合计（3）	单位成本（4）	高速线材生产费用合计（5）	螺纹钢生产费用合计（6）
直接材料	65 400.00 其中： 半成品成本 60 000.00	12 958 400.00 （上步骤转入） 2 910 000.00 +81 771.00 （差异）	16 015 571.00 其中： 半成品成本 13 018 400.00	3 171.40 其中： 半成品成本 2 577.90	9 609 342.00 其中： 半成品成本 7 811 037.00	6 406 229.00 其中： 半成品成本 5 207 363.00
直接人工	30 800.00	202 000.00	232 800.00	46.10	139 683.00	93 117.00
其他直接支出	4 312.00	28 280.00	32 592.00	6.45	19 543.50	13 048.50
制造费用	58 188.00	579 017.28	637 205.28	126.18	382 325.40	254 879.88
合计	158 700.00	16 759 468.28	16 918 168.28	3 350.13	10 150 893.90	6 767 274.38

三车间高速线材成本计算：

①（1）按照三车间（轧钢）成本计算单（5）填列。

②（2）= 3 000×（3）

③（3）按照三车间（轧钢）成本计算单（4）填列。

④（4）=（1）－（2）

⑤三车间成本计算单中，合计栏高速线材 10 132 713.90 元和螺纹钢 6 785 454.38 元转入三车间高速线材和螺纹钢成本计算单时发生错误，不应将合计数作为直接材料项目，而应该按相应的成本项目结转。经复算更正后成本计算单见下表：

三车间高速线材成本计算单

单位：元
完工产量：3 000 吨
规格：ϕ6.5mm 在产品量：30 吨

成本项目	本月成本费用合计（1）	完工产品总成本（2）	完工产品单位成本（3）	月末在产品成本（4）
直接材料	9 609 342.00	9 514 200.00	3 171.40	95 142.00
直接人工	139 683.00	138 300.00	46.10	1 383.00
其他直接支出	19 543.50	19 350.00	6.45	193.50
制造费用	382 325.40	378 540.00	126.18	3 785.40
合计	10 150 893.90	10 050 390.00	3 350.13	100 503.90

三车间螺纹钢成本计算：

①（1）按照三车间（轧钢）成本计算单（6）填列。

②（2）= 2 000×（3）

③（3）按照三车间（轧钢）成本计算单（4）填列。

④（4）=（1）－（2）

⑤经复算，正确的计算结果为：高速线材成本为 10 050 390.00 元；螺纹钢成本为 6 700 260.00元。与会计资料结转的完工产品成本（见 46 号转账凭证）相比较，由于计算错误多转完工产品成本 893 770.00 元。需要调整，做调整分录：

借：存货——生产成本　　893 770

　贷：存货——库存商品　　893 770

更正后成本计算单见下表：

三车间螺纹钢成本计算单

单位：元

完工产量：2 000 吨

规格：ϕ12mm　　在产品量：20 吨

成本项目	本期成本费用合计（1）	完工产品总成本（2）	单位成本（3）	月末在产品成本（4）
直接材料	6 406 229.00	6 342 800.00	3 171.40	63 429.00
直接人工	93 117.00	92 200.00	46.10	917.00
其他直接支出	13 048.50	12 900.00	6.45	148.50
制造费用	254 879.88	252 360.00	126.18	2 519.88
合计	6 767 274.38	6 700 260.00	3 350.13	67 014.38

四、货币资金审计学习指导

1. 货币资金审定表

本期末未审数 6 721 201.96 元，根据相关货币资金总账余额填列，经核对与本期资产负债表列报数一致。

2. 库存现金监盘表

此表“实有库存现金盘点记录”根据审计资料填列，实有数按票面值填列，合计为：55 672.29 元。“上一日账面库存余额”为 58 990.00 元；“盘点日未记账传票收入金额”为 1 805.36 元；“盘点日未记账传票支出金额”3 500.00 元；“盘点日账面应有金额”为 57 295.36 元；“盘点日应有与实有差异”－1 623.07 元。差异原因是未经批准的借据 2 500元与出纳员长款 876.93 元之差。

“追溯调整”12 650.00 元（58 990.00+72 895.30－119 235.30），经调节与现金总账余额相符。

经审计，存在的主要问题有白条抵库、出纳员越权、库存现金超限额。

3. 银行存款余额调节表的检查

此表应根据审计资料的部分银行存款对账单，与企业银行存款日记账对账的结果填列。由于银行存款业务较多，只选取了 12 月 20—31 日的业务，经核对发现未达账项 2 笔，企业收到租金 13 952.00 元，安装设备 660 000.00 元，银行未记账；银行已收 1 353 000.00元，企业未收。经调节后的余额为 7 891 551.96 元，两者相符。

4. 银行存款函证结果汇总表

此表函证银行存款与银行借款。回函结果表明银行存款对账单金额可以确认；银行借款本期3笔，银行借款回函金额12 306 000.00元，与企业账面记录核对相符。经调节后两者相符。

5. 货币资金收支检查情况表

此表可根据会计资料中货币资金收支业务抽查并核对。

■ 五、审计完成阶段学习指导

(一) 调整事项

经与被审计单位管理层沟通，同意对账项调整分录汇总表中的错报进行调整。

1. 错报汇总

(1) “营业收入”少计471 000.00元，其中转36号凭证少计工程合同收入20 000.00元；1月2日销售普通线材100吨，单价4 510.00元，货款451 000.00元，“应交税费——应交增值税”少计58 630.00元，应收账款少计509 630.00元。

借：应收账款——华钢工贸　　509 630

　贷：营业收入——主营业务收入　　451 000

　　　应交税费——应交增值税（销项税额）　　58 630

借：营业成本——其他业务成本　　15 000

　　合同履约成本——C设备安装工程　　5 000

　贷：营业收入——其他业务收入　　20 000

(2) “应收账款”少提坏账准备431 121.00元。

借：信用减值损失——坏账准备　　431 121

　贷：应收账款——坏账准备　　431 121

(3) 12月31日收到山西大同矿价值50 000.00元货物，因发票账单未到应暂估入账处理。

借：存货——原材料　　50 000

　贷：预付款项　　50 000

“预付账款——山西大同矿”账户的期末余额为－15 864.40元（34 135.60－50 000.00），已经是应付账款性质，所以应做“预付账款”和“应付账款”的重分类调整：

借：预付款项——山西大同矿　　15 864.40

　贷：应付账款——山西大同矿　　15 864.40

(4) 存货盘盈1 050 000.00元（300×3 500）。

借：存货——原材料　　1 050 000

　贷：管理费用　　1 050 000

(5) 固定资产漏计60 000.00元。

借：固定资产　　60 000

　贷：以前年度损益调整　　60 000

注：固定资产少计60 000.00元，低于重要性水平，属于未调整账项。

(6) 多计提固定资产折旧928 000.00元（408 000+520 000）。

借：固定资产——累计折旧　　928 000

　贷：存货——制造费用　　928 000

（7）应付账款未入账 8 000.00 元（低于重要性水平，属于未调整账项）。

借：存货——原材料（煤）　　8 000

　贷：应付账款——抚顺煤矿　　8 000

（8）上海钢铁集团应付账款为借方余额 13 160.00 元，属于预付账款，应做重分类调整。

借：预付款项——上海钢铁集团　　13 160

　贷：应付账款——上海钢铁集团　　13 160

（9）多转生产成本 893 770.00 元。

借：存货——生产成本　　893 770

　贷：存货——库存商品　　893 770

2. 对利润的影响

（1）收入增加 471 000.00 元。

（2）成本、费用及损益增加-603 879.00 元（431 121+15 000-1 050 000）。

（3）利润增加 1 074 879.00 元（471 000+603 879）。

3. 对利润分配的影响

（1）所得税增加 268 719.75 元（1 074 879×25%）。

借：所得税费用　　268 719.75

　贷：应交税费——应交所得税　　268 719.75

（2）盈余公积增加 201 539.81 元（（1 074 879-268 719.75）×25%）。

借：利润分配——提取盈余公积　　201 539.81

　贷：盈余公积　　201 539.81

（3）应付股利增加 80 615.93 元（（1 074 879-268 719.75）×10%）。

借：利润分配——应付股利　　80 615.93

　贷：应付股利　　80 615.93

（4）调整未分配利润。

借：利润分配——未分配利润　　282 155.74

　贷：利润分配——提取盈余公积　　201 539.81

　　　　　　——应付股利　　80 615.93

（二）资产负债表试算平衡表

资产负债表试算平衡表

被审计单位：大华钢铁公司
项目：资产负债表试算平衡表
编制：李龙海
日期：202×+1 年 2 月 28 日

索引号：A7
财务报表截止日/期间：202×年 12 月 31 日
复核：刘力
日期：202×+1 年 2 月 28 日

项目	期末未审数	账项调整		重分类调整		期末审定数	项目	期末未审数	账项调整		重分类调整		期末审定数
		借方	贷方	借方	贷方				借方	贷方	借方	贷方	
货币资金	6 721 201.96					6 721 201.96	短期借款	5 350 000.00					5 350 000.00
交易性金融资产	120 000.00					120 000.00	交易性金融负债						0
应收票据	2 449 520.00					2 449 520.00	应付票据	1 863 720.00					1 863 720.00
应收账款	1 940 930.55	509 630.00	431 121.00			2 019 439.55	应付账款	7 941 696.00				29 024.40	7 970 720.40
预付款项	272 035.50		50 000.00	29 024.40		251 059.90	预收款项	4 289 700.00					4 289 700.00
其他应收款	79 715.00					79 715.00	应付职工薪酬	2 584 451.46					2 584 451.46
存货	26 064 215.42	1 993 770.00	1 821 770.00			26 236 215.42	应交税费	471 892.77		327 349.75			799 242.52
一年内到期的非流动资产							其他应付款	1 309 025.97		80 615.93			1 389 641.90
其他流动资产							一年内到期的非流动负债						1 473 231.38
流动资产合计	37 647 618.43					37 877 151.83	流动负债合计	23 810 486.20					24 247 476.28
债权投资	201 600.00					201 600.00	长期借款	6 956 000.00					6 956 000.00
长期应收款							应付债券	1 029 000.00					1 029 000.00
长期股权投资	480 000.00					480 000.00	长期应付款	1 254 063.58					1 254 063.58
投资性房地产							专项应付款						0
固定资产	21 778 176.10	928 000.00				22 706 176.10	预计负债	260 000.00					260 000.00
在建工程	1 974 884.44					1 974 884.44	非流动负债合计	9 499 063.58					9 499 063.58
无形资产	251 453.33					251 453.33	负债合计	33 309 549.78					33 746 539.86
合同履约成本		5 000.00				5 000.00	实收资本	5 000 000.00					5 000 000.00
长期待摊费用	44 166.67					44 166.67	资本公积	1 100 000.00					1 100 000.00
非流动资产合计	24 730 280.54						盈余公积	9 014 173.22		201 539.81			9 215 713.03
							未分配利润	13 954 175.97	282 155.74	806 159.25			14 478 179.48
						25 663 280.54	所有者权益合计	29 068 349.19					29 793 892.51
资产总计	62 377 898.97	3 436 400.00	2 302 891.00	29 024.40	0	63 540 432.37	负债和所有者权益总计	62 377 898.97	282 155.74	1 415 664.74	0	29 024.40	63 540 432.37

（三）利润表试算平衡表

利润表试算平衡表

被审计单位：	大华钢铁公司	索引号：	A8
项目：	利润表试算平衡表	财务报表截止日/期间：	202×年度
编制：	李龙海	复核：	刘力
日期：	202×+1 年 2 月 28 日	日期：	202×+1 年 2 月 28 日

项目		未审数	调整金额		审定数
			借方	贷方	
一	营业收入	73 260 100.00		471 000.00	73 731 100.00
	减：营业成本	45 353 530.03	15 000.00		45 368 530.03
	税金及附加	11 023 103.94			11 023 103.94
	销售费用	537 875.00			537 875.00
	管理费用	5 968 271.62		1 050 000.00	4 918 271.62
	财务费用	6 902 316.45			6 902 316.45
	其中：利息费用	104 553.58			104 553.58
	利息收入	3 500.00			3 500.00
	资产减值损失	6 000.00			6 000.00
	信用减值损失	143 142.05	431 121.00		574 263.05
	加：公允价值变动损益				
	投资收益	9 190 000.00			9 190 000.00
二	营业利润	12 515 860.91	446 121.00	1 521 000.00	13 590 739.91
	加：营业外收入	963 733.41			963 733.41
	减：营业外支出	848 209.10			848 209.10
三	利润总额	12 631 385.22	446 121.00	1 521 000.00	13 706 264.22
	减：所得税费用	3 157 846.31	268 719.75		3 426 566.06
四	净利润	9 473 538.91	714 840.75	1 521 000.00	10 275 698.16
五	其他综合收益的税后净额				
六	综合收益总额				
七	每股收益				

审计工作结束后，对上述错报进行汇总、分类，共5项，分别填列如下：

1. 账项调整分录汇总表

此表是对需要调整错报进行汇总，共7笔，应从不同的工作底稿中汇总索引而来，详见审计工作底稿（H0181、H016、E047、E054、E0954、E157、E099），经计算，上述错报对利润表的影响额调增1 074 879元；对资产负债表的影响额调增1 133 509元。

在此基础上最终确定对所得税的影响268 719.75元，同时需要调整，编制调整分录：（见教材243页调整账项）。同时，填列应交税费审计工作底稿对所得税影响数，详见审计工作底稿应交税费审定表（F071）。

2. 重分类调整分录汇总表

此表是对需要重分类调整进行汇总，共2笔，应从不同的工作底稿中汇总索引而来，详见审计工作底稿预付账款审定表（E051）和应付账款审定表（F041）。

3. 未更正错报汇总表

此表是对不需调整错报进行汇总，共2笔，应从不同的工作底稿中汇总索引而来，详见审计工作底稿固定资产盘点检查表（E153）、未入账的应付账款汇总表（F047）。

4. 资产负债表试算平衡表

编制调整后的资产负债表，根据上述全部审计结果，按资产负债表各项目审定表的调整结果填列。最终体现“未分配利润”项目增加524 003.51元（（1 074 879-268 719.75）×65%）。

5. 利润表试算平衡表

编制调整后的利润表，根据上述全部审计结果，按利润表各项目审定表的调整结果填列。审计后的净利润增加806 159.25元（1 074 879-268 719.75）。